*A educação básica pública
tem solução?*

FUNDAÇÃO EDITORA DA UNESP

Presidente do Conselho Curador
Mário Sérgio Vasconcelos

Diretor-Presidente
Jézio Hernani Bomfim Gutierre

Superintendente Administrativo e Financeiro
William de Souza Agostinho

Conselho Editorial Acadêmico
Carlos Magno Castelo Branco Fortaleza
Henrique Nunes de Oliveira
João Francisco Galera Monico
João Luís Cardoso Tápias Ceccantini
José Leonardo do Nascimento
Lourenço Chacon Jurado Filho
Paula da Cruz Landim
Rogério Rosenfeld
Rosa Maria Feiteiro Cavalari

Editores-Adjuntos
Anderson Nobara
Leandro Rodrigues

HERMAN J. C. VOORWALD

A educação básica pública tem solução?

editora
unesp

© 2017 Editora Unesp

Direitos de publicação reservados à:
Fundação Editora da Unesp (FEU)
Praça da Sé, 108
01001-900 – São Paulo – SP
Tel.: (0xx11) 3242-7171
Fax: (0xx11) 3242-7172
www.editoraunesp.com.br
www.livrariaunesp.com.br
feu@editora.unesp.br

Dados Internacionais de Catalogação na Publicação (CIP)
Vagner Rodolfo CRB-8/9410

S951e
    Voorwald, Herman J. C.
        A educação básica pública tem solução? / Herman J. C. Voorwald. –
São Paulo: Editora Unesp, 2017.

        Inclui bibliografia.
        ISBN: 978-85-393-0694-7

        1. Educação. 2. Educação básica. 3. Educação pública. I. Título.

2017-473   CDD 371.01
                                                                              CDU 37.057

Editora afiliada:

Este livro é dedicado a todos aqueles que de forma direta ou indireta trabalham pela educação do nosso Estado.

Sumário

Prefácio . 9

1 Algumas palavras sobre o contexto histórico . 15
   1.1 O desafio da melhoria da qualidade . 20

2 Políticas públicas e educação – diálogo
e compromisso . 35

3 Reestruturação da Secretaria da Educação
do Estado e o Programa Educação: Compromisso
de São Paulo . 45
   3.1 Resgate histórico: paralelo entre as mudanças
socioeconômicas e a política de educação . 48
   3.2 Programa Educação: Compromisso de São Paulo.
Pilares, macroestratégias e intervenções . 49
   3.3 Comentários . 65
   3.4 Resultados . 68

4 O desafio da melhoria da qualidade . 75
   4.1 Maiores desafios atuais . 80

5 Propostas . 87
   5.1 Diretrizes norteadoras da política educacional –
   Diretrizes relacionadas aos pilares 2 e 3 . 92
   5.2 Diretrizes norteadoras da política educacional –
   Diretrizes relacionadas ao Pilar 4 . 102
   5.3 Diretrizes norteadoras da política educacional -
   Diretrizes relacionadas ao Pilar 1 . 110
   5.4 Diretrizes norteadoras da política educacional –
   Diretrizes relacionadas ao Pilar 5 . 113

Considerações finais – A educação básica pública tem solução? . 115

Prefácio

A educação pública de qualidade é uma demanda permanente da sociedade brasileira. Mas, acompanhando esse anseio, ecoa a pergunta: como viabilizar um aprendizado coerente com os conteúdos curriculares e que permita ao estudante exercer plenamente sua cidadania? Modelos estatísticos são importantes instrumentos de aferição e as teorias pedagógicas auxiliam nas discussões, mas esses recursos não são suficientes para a obtenção das respostas que buscamos. Para isso, outra deve ser a fonte principal: o movimento espontâneo que vem da base, o confronto das ideias com a realidade cotidiana de quem ensina e de quem aprende.

As lutas a travar nesta batalha são bem claras. Entre os numerosos *fronts* mencionáveis podemos citar de saída: a necessidade de melhoria da infraestrutura, dando condições adequadas de trabalho ao professor; a facilitação do acesso do docente ao aperfeiçoamento contínuo, fornecendo-lhe melhores condições de ascensão de carreira; a devolução à carreira do magistério de uma situação coerente com sua importância fundamental, incentivando cada vez mais pessoas talentosas a abraçar esse ofício primordial; o combate contínuo à evasão escolar; a reforma do ensino médio; a participação da família no processo educacional. No entanto, mesmo que tais metas sejam universalmente aceitas, qualquer unanimidade se desfaz no momento da definição e da implementação de estratégias e medidas para alcançá-las.

Este livro, redigido com base na experiência adquirida junto aos profissionais da Rede pública de educação, tem como objetivo justamente mostrar a viabilidade de uma estratégia específica em que se estabelece, em construção conjunta com a Rede, uma política pública de educação de qualidade. Acreditamos firmemente que, nessa direção, qualquer conjunto de ações deva incorporar o conhecimento acumulado por muitos anos de práxis educativa concreta: as conquistas educacionais alcançadas não devem ser perdidas e o abandono de alguns pressupostos já testados geraria uma descontinuidade fatal para as políticas públicas, justamente em uma área onde apenas em longuíssimo prazo as ações apresentam os resultados esperados.

O respeito pela experiência efetiva e a disposição a ouvir são partes inerentes à caminhada profissional deste autor, caminhada que remonta aos anos dedicados à Universidade Estadual Paulista (Unesp), onde ocupou vários e diferentes cargos, inclusive o de reitor. De fato, esse é traço persistente em toda a sua trajetória profissional e fez-se também presente em sua atuação como secretário da Educação do Estado de São Paulo, de janeiro de 2011 a dezembro de 2015: antes de definir programas e ações, escutou aqueles que no dia a dia estavam diretamente ligados à tarefa de viabilizar o aprendizado na Rede paulista. Portanto, as propostas e os debates aqui expostos não são apenas conjecturas idealizadas a respeito do que poderia ser

A educação básica pública tem solução?

a educação pública; são, na verdade, resultado da experiência real à frente da Secretaria da Educação, fruto do diálogo e da convivência com quem enfrentou a realidade do ensino básico no Estado.

O primeiro passo trilhado no caminho gestionário que ora se reflete neste livro foi conhecer a realidade viva e o dia a dia não raro duro, difícil, dos profissionais da área da educação, reunindo e articulando ideias e propostas, sem querer imprimir uma marca pessoal à gestão, mas buscando, antes, entender as particularidades e os desafios que se apresentavam. O contato com essa realidade complexa não foi nada fácil, mas resultou em uma vivência extremamente rica, que o leitor encontra narrada em detalhes no Capítulo 2 – precedido por uma necessária contextualização histórica da educação pública no Brasil (Capítulo 1).

Assegurado o diálogo como um dos principais pilares para a chegada aos objetivos traçados, a gestão à frente da Secretaria da Educação avançou ao próximo passo: o plano não era transformar imediatamente em leis, decretos e resoluções as propostas concretas vindas diretamente dos professores, agentes e diretores, mas pensar a longo prazo. Deu-se assim início às mudanças na estrutura administrativa da Secretaria com foco total nos interesses da Educação. Os pilares da proposta – que valoriza acima de tudo a aprendizagem e que resultou no *Programa Educação: Compromisso de São Paulo* – estão delineados no Capítulo 3 deste livro, enquanto o Capítulo 4 apresenta os muitos e diferentes desafios enfrentados na tentativa de levar adiante o projeto de mudança. O Capítulo 5 se aprofunda nas propostas relacionadas aos pilares citados.

Durante toda a trajetória da gestão ficou evidente que a meta maior do *Programa Educação: Compromisso de São Paulo* – a de posicionar nosso sistema educacional entre os 25 melhores sistemas do mundo até 2030 e colocar a carreira de professor entre as dez mais desejadas – não é utópica: ela é decorrência natural de um amplo trabalho de articulação de contribuições que vieram de toda a Rede paulista, de propostas apresentadas pelos mais diversos profissionais de educação pública do Estado de São Paulo. Como dissemos anteriormente, esse não foi um caminho traçado em um gabinete apartado da realidade viva da escola pública. Temos aqui uma resultante de duro confronto e congregação de ideias junto a milhares de pessoas que vivem essa realidade cotidianamente.

No processo e na reflexão sobre essa experiência única, duas certezas acabam por se impor desde o início: a primeira é a importância da autonomia do corpo docente e técnico na consolidação do currículo oficial. De qualquer ângulo que se olhe, fica clara a necessidade de que as diretrizes se adaptem à diversidade que os diferentes contextos escolares exigem, possibilitando a adequação do projeto pedagógico às comunidades atendidas. A segunda certeza já se tornou até gasta de tanto ser repetida, mas pouco se fez para torná-la realidade: é necessário promover a valorização do magistério por meio de política salarial, carreira, formação continuada e condições adequadas de trabalho. Ou seja, é fundamental que haja uma política salarial digna e um plano de carreira atraente para o professor.

As reflexões também deixam claro que esses objetivos não serão cumpridos se mantidas as condições hoje existentes. Tampouco será possível oferecer, como se pretende, uma das melhores escolas públicas do mundo caso o foco não seja o aluno, ou se a administração da Secretaria for centralizada e seus gestores continuarem distantes da realidade dos professores e diretores de escolas. Por isso, as "cláusulas pétreas" do compromisso com a Educação Pública aqui firmado são a ampla valorização dos professores e o diálogo constante e aberto com todos os profissionais da Educação Básica, bem como com alunos e seus familiares. É tendo esses dois princípios como pressupostos que se levantam então questionamentos, analisam-se metas e formulam-se planos de ação.

Este programa teve, em sua concepção, organização e acompanhamento, a participação dos educadores da Secretaria da Educação do Estado. A eles, o meu reconhecimento pelo enorme compromisso demonstrado com a Educação Básica Pública do Estado de São Paulo, de modo que se pôde começar a transformar paulatinamente em algo real no dia a dia das escolas as metas aqui traçadas. Os meus agradecimentos também a todos os profissionais da Rede paulista, que passei a respeitar ainda mais, pelo esforço e dedicação demonstrados com a Educação do nosso Estado.

Ao final deste trabalho, chegaremos à resposta para a pergunta que ele já traz em seu título: *A educação básica pública tem solução?* A busca da excelência do ensino público é uma batalha de muitas frentes e com fortes polos de resistência, e sem dúvida todos os atores do processo terão papel importantíssimo na escalada até nosso objetivo máximo, um sistema educacional que faça jus à grandeza de nosso Estado e de nosso país e viabilize a todos os estudantes o acesso a este direito fundamental, a educação de qualidade.

1
Algumas palavras sobre o contexto histórico

A Constituição brasileira de 1824 já situava a Educação como elemento inerente aos direitos civis e políticos dos cidadãos. Seu texto instituía a instrução primária gratuita para quem se encaixava na definição de cidadão e determinava que o ensino médio deveria permanecer ligado ao Governo Central. Além de levar à homogeneização e à uniformidade, essa centralização de recursos financeiros dificultou o crescimento do sistema em larga escala nas províncias.

Não é sem motivo, pois, que, em 1889, ano da proclamação da República, o Brasil possuía uma das mais baixas taxas de alfabetização da América do Sul. É neste período também que a desigualdade educacional entre os estados da Federação aumentou: mesmo tendo-se então iniciado uma ação de descentralização, aqueles estados que tinham mais recursos provenientes de atividades econômicas puderam investir mais em educação – evidentemente, isso só ocorria quando políticas públicas na área da educação estavam entre as prioridades do governante da ocasião.

Até meados do século XX, os indicadores[1] apontavam para o analfabetismo de cerca de metade da população adulta do país. Além disso, metade dos jovens com mais de 15 anos não tinha acesso à Educação formal. Para o final desse período, destaca-se um número excessivo de pessoas fora dos bancos escolares ou que somente concluíram os anos iniciais do ensino fundamental. Utilizando-se os indicadores estatísticos, pode-se afirmar que o brasileiro permanecia em média somente três anos em sala de aula.

O resultado desse percurso histórico é a chegada do Brasil ao século XXI com uma grande dívida educacional, cenário que exigia ações rápidas e consistentes para reverter esse quadro. Uma das ações foi a criação do FUNDEF (Fundo Nacional para o Desenvolvimento do Ensino Fundamental e Valorização do Magistério) em 1997. O FUNDEF adotou como parâmetro para a distribuição de recursos o número de alunos matriculados nas redes estaduais e municipais, com eventuais complementos feitos pelo Governo Federal, o que garantiu um aporte mínimo nacional por aluno, algo fundamental para se caminhar rumo à universalização do acesso ao ensino. Foi um passo importante também para a valorização do magistério, pois definia parte dos recursos para o salário de professores do ensino fundamental. Com a substituição do FUNDEF pelo Fundo de Manutenção e Desenvolvimento da Educação Básica (FUNDEB), a partir de 2007 a educação infantil e o ensino médio também passaram a utilizar esse modelo de financiamento.

---

1 Conferir Aldo Musacchio e Alejandra Meraz Velasco. *Educação no Brasil: esperando uma revolução*. Harvard Business School. n.1, v. 713, p.5, 23 maio 2013.

Em decorrência disso houve o aumento progressivo no número de matrículas nas diversas etapas de ensino, algo em parte associado a uma distribuição mais homogênea dos recursos financeiros e à complementação do Governo Federal. Segundo dados da Secretaria da Educação do Estado, entre 1991 e 2010, no Brasil, a porcentagem de crianças de 5 a 6 anos na escola passou de 37,3% para 91,1%. O total de jovens entre 11 e 13 anos frequentando os anos finais do ensino fundamental cresceu de 36,8% para 84,9%. E a taxa de jovens de 15 a 17 anos com ensino fundamental completo passou de 20% a 57,2%. Atualmente, no Estado de São Paulo, 98,8% das crianças de 6 a 14 anos e 84,4% dos jovens de 15 a 17 anos estão na escola.

Essa evolução foi significativa, mas é importante consolidar a universalização da educação básica com base não apenas no acesso à escola, mas também na permanência do estudante na instituição. Consideremos o acesso ao ensino fundamental e definamos a taxa de frequência escolar bruta como a proporção de pessoas de uma determinada faixa etária que frequenta estabelecimento de ensino.

- Em 2013, tínhamos 28.840.000 pessoas no Brasil na faixa de 6 a 14 anos, conforme indicam os dados do MEC/INEP. Dessas, 28.390.000 eram estudantes, totalizando 98,4%. Para um total de 5.592.000 de pessoas dessa faixa etária, no Estado de São Paulo, 5.546.000 eram estudantes, ou seja, 99,2%.
- Analisando-se o acesso para o ensino médio através da taxa de frequência escolar bruta, os dados do IBGE – Pnad 2013 apontam para o Brasil 8.337.000 estudantes em

uma população de 17.517.000 jovens entre 15 a 19 anos, ou seja, 48% do total. No Estado de São Paulo, de um total de 3.438.000 pessoas, 1.890.900 eram estudantes, resultando em 55%. Verifica-se, para essa faixa etária, uma razão estudantes/população muito menor do que para o intervalo de 6 a 14 anos, tanto no cenário nacional quanto no cenário paulista.

- Em relação à permanência do aluno na escola, os dados do MEC/INEP indicam um decréscimo do abandono escolar de 0,5% em 2007 para 0,2% em 2015, considerando os anos iniciais do ensino fundamental na Rede estadual paulista. Nos anos intermediários, a taxa de abandono oscilou entre 0,3% e 0,4%, mas nunca ultrapassou 0,5%. No caso dos anos finais do ensino fundamental na mesma rede, também ocorreu uma diminuição na taxa de abandono – de 2,0%, em 2007, para 1,7% em 2015. Entre 2007 e 2012, a taxa de abandono variou entre 1,6% e 2,0%, crescendo para 2,1% em 2013 e decrescendo novamente até 2015. Retrocedendo-se a 1998, a taxa de abandono era de 4,6% na faixa etária de 6 a 14 anos, que decresceu ano a ano até atingir 1,7% em 2006.

- Para o ensino médio, ainda considerando a Rede paulista, houve redução na taxa de abandono de 6,0% em 2007 para 3,8% em 2015. A taxa referente aos anos intermediários oscilou entre 4,5% (2009) e 5,6% (2013), reduzindo a 5% em 2014. Os dados do MEC/INEP apontam uma taxa de abandono de 10,8% para a faixa etária de 15 a 19 anos em 1998, que foi progressivamente reduzida até 7,0% em 2006.

A educação básica pública tem solução?

Esses números, relativos às taxas de abandono nas etapas de ensino da Educação Básica da Rede Estadual paulista, indicam que as ações voltadas para a permanência do estudante na escola foram bem-sucedidas. Dentre elas, de modo inquestionável, destaca-se o "Bolsa Escola", lançado em 2001 para universalizar o acesso e garantir a permanência do estudante na escola, sendo depois expandido e renomeado como "Bolsa Família", vinculando a transferência de recursos financeiros às famílias de baixa renda à manutenção da matrícula dos filhos na escola.

Ainda em relação aos dados, há que se destacar a questão da taxa de distorção idade-série. Na análise da distorção entre idade e série, considera-se defasado o aluno com idade cronológica superior em dois anos ou mais em relação àquela considerada adequada para a série/ano em que está matriculado.

- Para a etapa do ensino fundamental da Rede paulista, de acordo com o MEC/INEP, a taxa de distorção idade-série para os anos iniciais decresceu de 4,4%, em 2006, para 4% em 2015, chegando a cair até 3,1% em 2011. Nos anos finais do ensino fundamental, a diminuição ocorreu progressivamente, de 14,6%, em 2006, a 10,8% em 2015. Retrocedendo-se a 1998, os resultados para o ensino fundamental são ainda mais impressionantes: de 30,94%, em 1998, para 16,32% em 2002. Os dados indicam que as taxas de distorção idade-série para o ensino médio da Rede Estadual do Estado de São Paulo diminuem anualmente, caindo de 25,4%, em 2006, para 14,7% em 2015.

A respeito desses indicadores, é importante considerar os efeitos da progressão continuada da aprendizagem, pois a adoção do sistema de Ciclos tem um impacto significativo sobre as taxas de evasão e de aprovação – e, consequentemente, nas taxas de permanência e distorção idade-série. Também se ressalta que, no contexto da organização do ensino nas escolas estaduais, a progressão continuada possibilitou avanços sucessivos de aprendizagem quando o currículo foi apropriado pelo corpo docente e técnico, além de haver viabilizado o acompanhamento e a avaliação contínua do processo. Ou seja, a avaliação não deve ser simplesmente um instrumento de promoção e retenção; com o auxílio das novas técnicas de ensino, configura mais uma possibilidade de viabilizar a aprendizagem do aluno.

1.1 O desafio da melhoria da qualidade

As conquistas obtidas nesse período são importantes marcos na transformação histórica da escola, que, de instituição marcadamente elitista, assistiu a uma caminhada rumo à universalização do acesso à educação. No entanto, estamos cientes da grande dívida educacional que ainda resta com a maior parte de nossa população. Com o intuito de contribuir para essa caminhada, apresentam-se agora os programas e ações implementados a partir de 2008 e que levaram aos resultados apresentados na Rede paulista de Educação Básica.

Entre essas ações, destacamos a implementação da progressão continuada com foco no reforço e na recuperação. Esse conceito ainda é muitas vezes mal compreendido, mesmo que seus resultados sejam tão claramente positivos. Discutiremos esse tópico adiante. Chama-se também a atenção para os efeitos de uma política eficiente de gestão de recursos humanos, especificamente quando tratamos da carreira do magistério. Isso vem acompanhado da elaboração de um currículo oficial que define as habilidades a serem desenvolvidas em cada ano e da produção de material de apoio para alunos e professores. Igualmente importante são a articulação destes elementos: a implementação de um sistema de avaliação de resultados educacionais; a criação de uma escola de formação e aperfeiçoamento de professores; o uso de tecnologias educacionais para apoio à aprendizagem; e o desenvolvimento de programas de educação em tempo integral e educação profissional, como o *Vence*.

Passemos a apresentar detalhadamente algumas dessas ações.

1.1.1 – *Sistema de avaliação de rendimento escolar do Estado de São Paulo – SARESP*

O SARESP é uma avaliação externa do sistema de ensino do Estado de São Paulo aplicada anualmente desde 1996. Tem como objetivo acompanhar a evolução de qualidade das escolas da Rede paulista, identificar os fatores que influenciam a aprendizagem dos alunos e instrumentalizar as reformas educacionais. Desde 2008, seus resultados fazem parte do Índice de Desenvolvimento da Educação do Estado de São Paulo – IDESP, importante instrumento na orientação e acompanhamento do plano de Metas da SEE/SP. Sua implantação conta com a participação dos órgãos centrais da Secretaria do Estado de Educação, das equipes técnicas das Diretorias de Ensino do Estado, dos diretores, coordenadores e professores de escolas, dos estudantes e famílias.

As instituições especializadas em avaliação educacional contratadas para a realização das diversas edições do SARESP forneceram suporte técnico operacional para as seguintes etapas: elaboração/composição das provas; impressão dos instrumentos de avaliação, pré-identificação dos instrumentos de aplicação e controle; desenvolvimento de um sistema integrado do SARESP; logística e segurança da aplicação (impressão, empacotamento, entrega e recebimento dos materiais); preparação para a aplicação (recrutamento e seleção dos fiscais, apoios e agentes regionais), treinamento das equipes regionais e das escolas; aplicação de avaliação; leitura óptica das folhas de respostas; processamento de dados; produção dos resultados; elaboração dos boletins das escolas; e elaboração, impressão e distribuição dos relatórios de resultados.

A participação no SARESP de instituições especializadas em avaliação educacional é fundamental para garantir credibilidade em um processo extremamente complexo e que trabalha com prazos determinados pela logística de aplicação das avaliações, garantindo sigilo e qualidade. Também é um processo vital pois as informações fornecidas pelo SARESP direcionam a política educacional da Secretaria da Educação do Estado de São Paulo. Tais informações devem ser, pois, sólidas e confiáveis.

Nos próximos capítulos, quando serão analisadas as propostas para a Educação Básica, a experiência do SARESP será lembrada, principalmente para a discussão das seguintes questões: a avaliação de rendimento escolar deve ser aplicada anualmente? É necessária a participação de instituições especializadas em avaliação? A avaliação deveria ser implementada pela Secretaria da Educação? Como comentário adicional, deve-se considerar que o programa de pagamento de bônus por resultado na educação pública básica paulista exige credibilidade no processo de avaliação do sistema de ensino.

1.1.2 – Gestão da carreira do magistério

A Lei Complementar 444/85, que trata do estatuto do magistério paulista, previa 55 graus e referências para cada cargo. Para a evolução na carreira, eram considerados os quesitos tempo de serviço, assiduidade e títulos acadêmicos. Com a Lei Complementar 836/1997, passou-se de 55 graus a 5 níveis para docentes e 4 níveis para as classes de suporte pedagógico, sendo a diferença salarial de 5% entre cada nível.

A evolução tornou-se horizontal, pois a passagem para um nível superior ocorria mediante avaliação de indicadores de crescimento da capacidade potencial do trabalho profissional do magistério como um todo. Individualmente, a promoção acontecia por dois caminhos: academicamente, pela obtenção de mestrado e doutorado no respectivo campo de atuação; e pela evolução funcional, por enquadramento automático em níveis superiores da respectiva classe, sem interstícios.

A via não acadêmica privilegiava a frequência a cursos, seminários, congressos e a publicação de livros, delimitando um tempo mínimo para a evolução de um nível a outro por interstício. Na classe dos docentes, os interstícios entre níveis eram a cada 4, 4, 5 e 5 anos (nível I a II, II a III, III a IV e IV a V, respectivamente), viabilizando em 18 anos as possibilidades de ascensão até o final da carreira. No caso das classes de suporte pedagógico, a ascensão na carreira poderia ser feita em 15 anos, distribuídos em 4, 5 e 6 anos para a evolução do nível I até o nível IV.

Esse quadro precisou ser novamente reformulado, pois a carreira do magistério continuava pouco atrativa e apresentava elevada taxa de absenteísmo dos docentes. Baixo salários e pequena amplitude da estrutura salarial (apenas 5% de diferença entre cada um dos cinco níveis) levavam à alta rotatividade nas escolas, principalmente nas unidades de periferia, dificultando a fixação das equipes escolares. Também faltavam estímulos para o docente aprimorar sua formação e buscar melhorar seu desempenho, com consequentes reflexos na aprendizagem dos alunos.

A Lei Complementar 1.097/2009 trouxe uma nova concepção de carreira. Esta passa a ser escalonada e direcionada para a melhoria dos resultados de aprendizagem dos alunos, tornando-se mais atrativa para professores mais bem qualificados. As condições a serem cumpridas para que se pudesse concorrer ao processo de promoção por mérito eram a assiduidade (contrapondo-se ao absenteísmo) e a permanência na unidade ou órgão de lotação (contrapondo-se à rotatividade). Paralelamente, incentivavam-se a melhor formação dos professores e a qualificação para alcançar êxito na avaliação de desempenho.

Instituiu-se assim a ascensão vertical como um novo mecanismo de progressão na carreira, mas se manteve também a evolução horizontal, acadêmica e não acadêmica, em cinco níveis. Para a promoção salarial, foram criadas cinco faixas, definidas com base em uma prova de avaliação. Para se passar da Faixa 1 para a 2, o que significava uma evolução de 25% de remuneração inicial, exigia-se do docente um desempenho mínimo de 6 pontos; da Faixa 2 para a 3, o desempenho mínimo era de 7 pontos, com a incorporação de 50% de remuneração inicial;

da 3 para a 4, 8 pontos, com 75% de remuneração inicial; e, da 4 para a 5, 9 pontos, com evolução de 100% de remuneração inicial.

Somente os professores em efetivo exercício de suas funções na data da lei tinham direito à promoção. E, além dos pontos mínimos a serem atingidos na prova de avaliação, o docente deveria ter cumprido interstício de 4 anos (1ª promoção) e 3 anos (nas subsequentes), com permanência de 80% do interstício na mesma escola ou órgão de lotação. Também era requisito obrigatório a assiduidade (no mínimo 80% dos pontos máximos fixados por legislação em termos de contagem de faltas), computada com base em 2.880 dias para a promoção da Faixa 1 e 2.160 dias nas demais faixas.

Dois anos mais tarde, a Lei Complementar 1.143/2011 apresentou uma nova estrutura de escala de vencimentos da carreira do magistério para docentes e especialistas. Aumentou as amplitudes horizontal e vertical do plano de carreira, passando para oito os níveis da evolução funcional pelas vias acadêmica e não acadêmica, com as respectivas oito faixas para a promoção por mérito mediante uma prova de avaliação.

Mantinha-se a obrigatoriedade de estar em exercício efetivo, mas concedia-se a todos os profissionais que tivessem cumprido as exigências a possibilidade de concorrer, promovendo a ascensão profissional durante toda a carreira. Eliminou-se o teto de 20% que restringia a promoção e definiu-se a constante de 10,5% para a diferença entre as faixas, que passaram a ter a seguinte configuração:

- Da Faixa 1 para a Faixa 2: mínimo de 6 pontos. + 10,5% salário inicial;

- Da Faixa 2 para a Faixa 3: mínimo de 7 pontos. + 21% salário inicial;
- Da Faixa 3 para a Faixa 4: mínimo de 7 pontos. + 31,5% salário inicial;
- Da Faixa 4 para a Faixa 5: mínimo de 8 pontos. + 42% salário inicial;
- Da Faixa 5 para a Faixa 6: mínimo de 8 pontos. + 52,5% salário inicial;
- Da Faixa 6 para a Faixa 7: mínimo de 9 pontos. + 63% salário inicial;
- Da Faixa 7 para a Faixa 8: mínimo de 9 pontos. + 73,5% salário inicial.

A Lei Complementar 1.143/2011 reclassificou os reajustes salariais do quadro do magistério. Em junho de 2011, extinguiu-se a gratificação geral e definiu-se o aumento salarial em 13,8% para os professores; 23,0% para os diretores de escola; 28,8% para os supervisores de ensino; e 35% para os dirigentes de ensino. Na época, definiu-se também aumento de 5% no salário-base (com a absorção final de GAM) em março de 2012; 5% no salário-base em julho de 2012; 6% no salário-base em julho de 2013; e 7% no salário-base em julho de 2014. Em relação à promoção por mérito, revogou-se o limite que estabelecia um máximo de 20% no número de professores promovidos. E o adicional de local de exercício foi fixado em R$ 450,00 (40 horas).

Já a Lei Complementar 1.144/2011 instituiu o plano de cargos, vencimentos e salários para o quadro de apoio escolar. A partir de junho de 2011, houve aumento de 5,87% para os agentes de serviços escolares; de 22,2% para os agentes de organização escolar; 12,0% para os secretários de escola; e

60,93% para os assistentes de administração escolar. Os aumentos, como a extinção da gratificação geral, foram de 5% no salário-base em julho de 2012; 6% no salário-base em julho de 2013; e 7% no salário-base em julho de 2014. O auxílio local de exercício foi fixado em R$ 150,00 (40 horas) e houve acréscimo de mais três faixas horizontais (até a VIII).

A implantação do sistema de progressão com avaliação de desempenho substituiu a antiga evolução funcional, instituindo um sistema de promoção verticalizado que valorizava a aquisição de competências adicionais àquelas exigidas para o ingresso. Foram criados mais de 10 mil cargos de agente de organização escolar, sendo definida uma nova função, a de gerente de organização escolar, com gratificação de R$ 843,91. Para esse cargo, cujo Edital de Abertura para o Processo de Certificação Ocupacional foi publicado em fevereiro de 2012, foram certificados 7.712 funcionários, após exames realizados entre abril/maio por agendamento, e a homologação feita em julho desse mesmo ano.

A partir de dezembro de 2011, a Lei Complementar 1.158, além de definir aumento salarial de 7% aos servidores pertencentes ao quadro da secretaria da Educação, instituiu um prêmio por desempenho individual (PDI). Em 2011, cada servidor recebeu mensalmente 50% do valor total PDI, até 31 de julho de 2012. Em primeiro de agosto de 2012, o servidor concorreu a 100% do valor do PDI, de acordo com a avaliação de desempenho, regulamentada pelo Decreto 57.780, de 10 de fevereiro de 2012, e pelo Decreto 57.781, de 10 de fevereiro de 2012. As avaliações de desempenho foram realizadas no período de abril a junho, com o resultado final publicado em agosto e pagamento previsto para setembro de 2012.

A progressão para o QSE foi regulamentada pelo Decreto 57.782, de 10 de fevereiro de 2012. A Lei Complementar 1.204, de 1º de julho de 2013, dispôs sobre a reclassificação de vencimentos e salários dos integrantes do quadro do magistério e do quadro de apoio escolar da SEE.

O ponto a se observar em todas essas leis é a preocupação com a construção de uma carreira do magistério, que deve estar articulada com a formação continuada do profissional e com seu comprometimento com a atividade fim. Tomemos como exemplo o bônus, política implantada já em 2000: se, para os docentes, ele é vinculado à aferição de frequência, para os gestores consideram-se a tipologia da escola, o número de alunos, a frequência de funcionários, o número médio de ausências dos docentes da escola, os resultados obtidos na avaliação do SARESP e os índices de abandono.

Nos anos seguintes, houve mudanças de critérios para os docentes, incorporando-se variáveis como taxas de frequência e aprovação dos alunos. Para os gestores, passou-se a levar em conta a complexidade de escola-tipologia, os níveis de ensino e os turnos de funcionamento.[2] Também foi considerada a participação em cursos e programas da Secretaria da Educação do Estado. O bônus se tornou proporcional ao resultado, com as escolas e funcionários ganhando incentivos extras ao ultrapassarem em 20% as suas metas.

---

2 Outros exemplos de ações que buscam essa valorização do capital humano na Secretaria da Educação do Estado estão disponíveis no texto *Políticas públicas e educação: diálogo e compromisso/secretaria da educação*, de Herman J. C. Voorwald, João Cardoso Palma Filho; organizado por Cesar Mucio Silva – São Paulo/SE, 2013.

1.1.3 – Regime de Colaboração Estado-municípios

A Constituição Federal de 1988 estabelece em seu artigo 211 que "a União, os Estados, o Distrito Federal e os municípios *organizarão em regime de colaboração* seus sistemas de ensino" (grifo nosso). A mesma ênfase no regime de colaboração está presente na Lei de Diretrizes e Bases da Educação Nacional (LDB), que, em seu artigo 10, aborda a maneira como os Estados incumbir-se-ão de, definindo com os municípios as formas de colaboração na oferta de ensino fundamental, "assegurar a distribuição proporcional das responsabilidades".

Em São Paulo, o regime de colaboração está definido pelo Programa de Ação de Parceria Educacional Estado-município para atendimento do ensino fundamental (Dec. 51.673/2007). Essa colaboração é realizada nas seguintes áreas: **ensino, obras, alimentação, transporte** e, mais recentemente, no programa **Creche-Escola**.

No campo do *ensino*, por exemplo, os programas *Ler e Escrever* e *São Paulo faz Escola*, relacionados respectivamente aos anos iniciais e finais do ensino fundamental e do ensino médio, contavam com a participação de 396 municípios em 2014. Nesse convênio com a Secretaria da Educação paulista eram atendidos 873 mil alunos do 1º ao 5º ano e 38.500 professores. O regime de colaboração também contempla a adesão dos municípios ao SARESP. Em 2013, 537 municípios aderiram à avaliação, garantindo a participação de mais 3.267 unidades e 733.151 alunos.

Com relação à merenda, entre os objetivos das políticas públicas na área de *alimentação* escolar estavam o combate à desnutrição, a preservação da saúde física e mental dos estudantes, a promoção da educação alimentar e o incentivo à frequência dos alunos. Com a municipalização dessa área desde 1994 (Lei 8.913 de 12 de julho de 1994), a transferência direta de verbas para os municípios é vinculada à instituição de um Conselho Municipal de Merenda Escolar.

O fornecimento de merenda escolar na SEE ocorre em duas modalidades: o sistema centralizado e o descentralizado. No sistema centralizado, o planejamento, a aquisição dos alimentos, a estocagem, a distribuição, o controle, a supervisão e a avaliação são realizados pela Secretaria da Educação do Estado. Além disso, o Programa de Enriquecimento da Merenda Escolar (PEME) garante o repasse de verba diretamente para as escolas para a aquisição de alimentos *in natura*. No sistema descentralizado, o Estado de São Paulo complementa, para os municípios conveniados, o repasse de recursos para a alimentação.

Já o *transporte escolar* é regulado pelo Programa Nacional de Apoio ao Transporte do Escolar (PNATE), estabelecido pelas leis 10.880/04 e 11.947, de 16 de junho de 2009. O objetivo do programa é garantir o acesso e a permanência dos alunos da educação básica residentes na zona rural nos estabelecimentos escolares. O financiamento ocorre via FNDE, por meio de assistência financeira automática, em caráter suplementar. Na Secretaria da Educação do Estado, o repasse ocorre de modo que os municípios conveniados o utilizem para aquisição de frota própria, locação de veículos e/ou fornecimento de passes escolares. Para receber esses recursos financeiros, o município precisa estar conveniado. Deve atuar para adquirir uma frota própria e substituir veículos que tenham mais de 8 anos de utilização. A distribuição é de, no máximo, 4 veículos por município.

A educação básica pública tem solução?

A colaboração relativa à última das áreas elencadas acontece por meio do programa *Creche Escola*, lançado em setembro de 2011 e operacionalizado por meio da transferência de recursos financeiros para construções, reformas, ampliações e aquisição de equipamentos com foco nas áreas de vulnerabilidade social. Os edifícios são projetados com padrões de acessibilidade e sustentabilidade e têm capacidade de atendimento de 70 a 150 crianças.

Cabe ainda ressaltar que, quando mencionamos os programas e ações relacionados à colaboração entre o Estado de São Paulo e os municípios, mais especificamente quando se analisa a questão da municipalização, dois eixos devem ser considerados: o financiamento e a gestão, com as respectivas dificuldades relacionadas ao gerenciamento dos recursos financeiros e humanos.

Tome-se como exemplo o caso da merenda escolar: em seu aspecto financeiro, tem a particularidade da complementação, por parte do governo paulista, do repasse de recursos para a alimentação dos estudantes. O Decreto 55.080, de 2009, em seu artigo 5º, determina que "os recursos transferidos deverão ser utilizados exclusivamente na aquisição de alimentos e/ou gêneros alimentícios", vetando sua aplicação para o pagamento de pessoal, que é de responsabilidade dos municípios. Ainda considerando o eixo gestão no que tange à merenda, foi viabilizada a contratação de nutricionistas para atuar nas Diretorias de Ensino e apoiar as escolas, assim como a implantação de um sistema informatizado para atuar em todas as fases da área alimentar.

Outro exemplo de gestão de recursos, este na área de transporte escolar: como se viu, o Estado repassa recursos financeiros para que os municípios conveniados adquiram frota própria, aluguem veículos e/ou forneçam passes escolares. Mas, para uma melhor gestão do processo, as seguintes melhorias no sistema informatizado são fundamentais: fluxo do processo de transporte, homologação da rota, disponibilização de mapas e definição correta de quilometragem.

Em relação à colaboração Estado-municípios, resta para os próximos anos o grande desafio de superar uma forma de atuação que ainda está compartimentada e baseada na colaboração de convênios pontuais. Nesse contexto, há quatro questões extremamente pertinentes e atuais:

1. Pressões legais para com o cumprimento de Metas da Educação infantil – foco nos municípios. Relaciona-se com a Meta 1 do Plano Nacional de Educação:
   - 100% das crianças em Pré-escola até 2016;
   - 50% das crianças em creche até 2020.
2. O fato de o Tribunal de Contas de Estado de São Paulo estar preocupado não apenas com a legalidade, mas também com a eficácia da alocação de recursos de forma a atingir os resultados esperados.
3. Alterações no contexto educacional: mudanças demográficas, econômicas e sociais.
4. Limitações de recursos financeiros e de mão-de-obra dos municípios.

1.1.4 – Formação Continuada

A Escola de Formação e Aperfeiçoamento de Professores Paulo Renato Costa Souza, EFAP, concebida como um centro irradiador de tecnologia e conhecimento, é responsável pelo aperfeiçoamento e pelo desenvolvimento dos servidores da Secretaria da Educação do Estado, por meio do oferecimento de diversos cursos e programas de formação.

Entre as ações da EFAP, também se destacam o desenvolvimento de processos de certificação, a pesquisa de experiências pedagógicas inovadoras, a promoção da cooperação técnica e a disponibilização de infraestrutura, tecnologia e material de formação continuada.

De 2011 a 2014, foram oferecidos pela EFAP 236 cursos nas diversas áreas de formação, com um total de 501.987 participantes, o que sem dúvida confirma o importante papel desempenhado pela instituição na formação continuada dos profissionais da Secretaria da Educação do Estado.

1.1.5 – *Acessa Escola*

O programa de inclusão digital *Acessa Escola* foi implementado a partir da concepção da tecnologia como estrutura de apoio para a aprendizagem. Para isso, instalou-se uma sala de informática com vinte computadores em cada uma das escolas estaduais. Com o notável crescimento da tecnologia da informação nos últimos anos e com a universalização do acesso aos equipamentos por parte dos estudantes da Rede, uma nova formatação do programa foi necessária. Com isso, criou-se o *Currículo+*, plataforma digital que hospeda conteúdos de aprendizagem – aulas digitais, infográficos, livros digitais, vídeos e áudios, entre outros recursos – articulados com o currículo do Estado de São Paulo. Mais considerações a esse respeito serão apresentadas no final deste livro.

1.1.6 – *Programas de educação em tempo integral e educação profissional*

Os programas de educação em tempo integral e educação profissional vieram somar possibilidades de viabilização de aprendizado aos estudantes, oferecendo-lhes atividades na forma de oficinas, nas escolas de tempo integral, com a presença de professores junto aos alunos durante todo o processo. Nos próximos capítulos, serão apresentadas informações mais detalhadas sobre essas escolas e sobre o programa *Vence*, que articula o Ensino Médio com a formação técnica de ensino médio.

2
Políticas públicas e educação – diálogo e compromisso

Após revisitar, no Capítulo 1, alguns projetos e programas que nortearam a área da Educação no passado recente, podemos abordar com mais profundidade a organização do ambiente escolar. Nesse ponto, a primeira ação após minha chegada à Secretaria da Educação do Estado foi escutar os profissionais da Rede paulista e, por meio de um diálogo aberto, registrar o que funcionava, o que não funcionava e as sugestões desses profissionais sobre os diversos programas e ações em andamento na Rede Estadual. Entre aqueles chamados a opinar estavam supervisores, diretores, professores, coordenadores de oficinas pedagógica, professores coordenadores e membros dos quadros de apoio escolar e da Secretaria da Educação. Foi solicitado que discutissem e preparassem materiais sobre o que funciona na educação básica pública da Rede Estadual e o que poderia melhorar, e pedido que oferecessem sugestões e propostas.

Sistematizados os dados e organizadas as informações, as questões apresentadas pela Rede foram articuladas em nove áreas: comunicação, formação continuada, gestão de infraestrutura, gestão de recursos humanos, gestão institucional, programas e projetos, gestão do ensino, informação, monitoramento e avaliação, orçamento e finanças.[1]

Do total de 5.389 demandas, 22,3% provinham de professores. As demandas originárias de diretores totalizavam 16%; de professores coordenadores, 10,2%; de professor coordenador de oficina pedagógica, 13,6%; de supervisores, 15,6%; do quadro de apoio escolar, 8,6%; e do quadro da Secretaria da Educação, 13,6%. Observa-se que houve uma efetiva participação de todos os segmentos.

Com relação às nove áreas nas quais foram catalogadas as informações, a gestão de recursos humanos foi a que concentrou a maior parte das solicitações, com 61,8% do total. Na sequência, em ordem decrescente, temos: gestão de infraestrutura (10,5%); formação continuada (7,1%); programas e projetos (6,9%); gestão de ensino (6,6%); gestão institucional (3,8%); informação, monitoramento e avaliação (1,5%); comunicação (1%); e orçamento e finanças (0,7%).

Analisando esses dados, percebe-se que grande parte das críticas, sugestões e propostas de todos os segmentos profissionais ouvidos concentra-se na área de gestão de recursos humanos. Em paralelo, a formação continuada e a gestão de infraestrutura são áreas que também apresentaram grande volume de demandas. Já as áreas de informação, monitoramento

---

[1] Uma análise detalhada a respeito das informações apresentadas em reuniões pelo Estado de São Paulo (das quais participaram em torno de 20 mil profissionais) e encaminhadas pelas diversas categorias está disponível no texto *Políticas públicas e educação: diálogo e compromisso/Secretaria da Educação*, de Herman J. C. Voorwald e João Cardoso Palma Filho, organizado por Cesar Mucio Silva (São Paulo: SE/Imprensa Oficial do Estado de São Paulo, 2013).

e avaliação e orçamento e finanças em geral apareciam entre as últimas posições dentre as nove áreas ou nem mesmo eram mencionadas por alguns segmentos.

Fica claro que o destaque das áreas de gestão institucional e de ensino está relacionado às atividades que os profissionais desempenham nas escolas e/ou nas diretorias de ensino. Devemos lembrar ainda que os dados relacionados à área de comunicação devem ser avaliados com cuidado, pois esta é considerada uma atividade meio.

Como a *gestão de recursos humanos* foi a área mais trabalhada, sendo 61,8% das manifestações direcionadas a ela, é importante relacionar as propostas apresentadas pelas diferentes categorias de servidores. Vamos, a partir de agora, nos aprofundar nessas propostas apresentadas.

Comecemos com os subsídios à alimentação e ao transporte. Em relação ao auxílio-alimentação, por exemplo, registra-se a demanda não só de atualização dos valores subsidiados como de extensão desse benefício a todos os funcionários, desvinculando-o do salário. A mesma requisição de extensão a todos os servidores é encontrada relativamente ao auxílio-transporte, independentemente de carga horária e igualmente desvinculado do salário, e à licença-prêmio, com pagamento de todos os blocos. Além disso, outra forte demanda nessa área é a melhoria no atendimento da perícia médica.

Outros pontos que se se destacam entre as demandas na área de gestão de recursos humanos são o plano de carreira e a valorização dos funcionários estaduais. Além de solicitações conjunturais de correção salarial e reposição das perdas que estavam em pauta em 2011, os servidores demandavam a agilização da evolução funcional e a revisão dos critérios para essa evolução (interstício), com os diferentes níveis aparecendo em uma tabela única para o Quadro do Magistério (QM).

Pelas propostas apresentadas pelos sete segmentos consultados, percebe-se que a grande preocupação dos profissionais se concentra nos aspectos *remuneração, vida funcional* e *benefícios*, ou seja, as manifestações expõem a insatisfação dos profissionais da Rede com gestão de pessoas por parte da Secretaria da Educação do Estado.

No entanto, outras questões também merecem destaque. Por exemplo, na análise das propostas apresentadas por seis categorias (ou seja, todas com exceção do professor coordenador), nota-se a importância dada à questão do bônus por resultados. Solicitava-se desvincular o SARESP, que é uma avaliação de sistema, ou seja, um instrumento de gestão pedagógica, do pagamento de bônus. Esse ponto deve ser analisado em conjunto com a proposta "rever critério de bônus por resultado", apresentada por quatro categorias.[2] Com base nas propostas relativas à área de informação, monitoramento e avaliação, que indicam uma série de sugestões a respeito desse sistema de avaliação, pode-se inferir que não se trata, pois, de uma crítica à avaliação feita pelo SARESP, mas à gestão de recursos humanos. Com relação aos critérios para a concessão de bolsas nas Universidades Estaduais e FATEC, professores, diretores e supervisores propõem o funcionamento do SARESP nos moldes do ENEM, criando mecanismos para que o aluno participe da avaliação com seriedade e vinculando os resultados ao acesso às universidades paulistas e/ou à busca de emprego. Sugerem reestruturações

---

2 Supervisor, diretor, professor e professor coordenador de oficina pedagógica.

que vão da aplicação à distribuição dos relatórios, passando por conteúdo, correção, divulgação dos resultados, retorno, índices, faltas etc.

Essas seis categorias profissionais pedem que a devolutiva aconteça em todas as etapas do processo da avaliação institucional, com divulgação do resultado em janeiro e estendendo a avaliação para todas as séries e não apenas para as finais. A ideia geral é organizar o calendário para que o aluno tenha a devolutiva em forma de nota e que esta sirva de parâmetro para sua progressão às séries ou aos ciclos seguintes. Sugerem ainda separar a prova de Língua Portuguesa da prova de Redação, deixando-as agendadas para dias diferentes, além da diferenciação das provas para alunos com necessidades educacionais especiais, revendo os critérios para a inclusão de seus resultados nas estatísticas.

Outra sugestão é transformar o SARESP/IDESP em bienal, descentralizando as avaliações institucionais e revendo a forma como são estipuladas as metas do IDESP, pois estas, segundo boa parte desses profissionais, não retratariam a realidade. Foi sugerido, por exemplo, que elas sejam calculadas, a partir da 4ª série, para a mesma turma a cada dois anos – para o ensino fundamental – e, a partir da 8ª série, a partir dos três anos anteriores até o ensino médio. De qualquer maneira, o SARESP está consolidado em toda a Rede como uma importante avaliação do sistema. O que se questiona, portanto, é a vinculação do IDESP ao pagamento do bônus.

Ainda na área de gestão de recursos humanos, houve propostas solicitando abertura de concurso público, criação de cargo de coordenador pedagógico, designação de professor coordenador e vice-diretor, além da revisão da LC 836/97. Os documentos apresentados indicam também grande demanda na área de formação continuada, reforçando a importância da Escola de Formação e Aperfeiçoamento dos Profissionais de Educação (EFAP) no planejamento do atendimento das solicitações.

Convém salientar que a carreira, no quesito evolução funcional pela via não acadêmica, privilegiava a frequência a cursos, seminários, congressos e afins. A LC 1.097/2009 viabilizou a progressão vertical mediante desempenho em uma prova de avaliação, ressaltando o papel da EFAP. Uma das propostas apresentadas por cinco das categorias profissionais consultadas (supervisor, diretor, professor, professor coordenador da oficina pedagógica e professor coordenador) solicitava que a prova do mérito não ficasse restrita ao teto de 20% do quadro de servidores. O Quadro de Apoio Escolar (QAE), por outro lado, apontou a necessidade de concessão de promoção por mérito aos QAE/QSE.

Outra questão levantada por supervisores e professores foi a extinção da promoção por mérito. Na evolução funcional, não acadêmica, indicavam a necessidade de maior agilidade e ausência de interstício. Para a via acadêmica, solicitavam um reajuste maior para a especialização, mestrado e doutorado. Enfim, os documentos da área de gestão de recursos humanos mostram que os profissionais da Rede paulista passaram a reivindicar a consolidação de uma carreira que privilegiava a formação e o comprometimento com as atividades fim. Sigamos agora aos resultados relativos às outras áreas.

Na área de *programas e projetos*, foi destacada a importância de ações e programas como, por exemplo, a Escola da Família, o sistema de proteção escolar, a sala de leitura, o Acessa Escola e a escola em tempo integral. Foram citados ainda os programas Centro de Estudos de Línguas e Cultura é Currículo. O número de propostas apresentadas nessa área foi expressivo, principalmente por parte dos profissionais responsáveis pela gestão escolar e de sala de aula.

Dentre as ricas discussões envolvendo a área de *gestão de ensino*, destaca-se o fato de a progressão continuada e a consolidação do currículo serem consideradas ações fundamentais para a diminuição da evasão escolar e para a melhoria da aprendizagem. Somente o segmento dos professores solicitava "extinguir compulsoriamente a progressão continuada". No caso do currículo, insistia-se para que a reavaliação se desse com base em consulta e discussão junto à Rede.

Também se sugeriu a revisão dos ciclos, que passaria de dois anos para quatro no ensino fundamental (Ciclo II), definindo módulos de alunos por classe no Ciclo I, Ciclo II e ensino médio. Foi solicitado o aprimoramento da recuperação paralela, com indicações de problemas no formato adotado, e que os cadernos do professor e do aluno fossem entregues nas oficinas pedagógicas. O caderno do aluno também mereceu destaque, havendo-se apontado ser necessário "melhorar e revisar os conteúdos, adequando-os à realidade". E a categoria professores apresentou propostas para discutir a questão da liberdade de cátedra.

Importante discussão foi levantada no tópico "A contratação de especialistas para alunos com necessidades especiais – cuidador e interlocutor". Apontou-se a dificuldade encontrada pelos profissionais em viabilizar uma inclusão com dignidade no cotidiano escolar, ideia que se relaciona e se consolida com os documentos oriundos da proposta "Arquitetura das escolas adaptada à realidade da inclusão, conforme normas ABNT".

Ainda para a área de gestão de ensino, professores coordenadores de oficina pedagógica indicaram a necessidade de "orientações fundamentadas no Ler e Escrever aos Professores de todas as disciplinas do Ciclo II que lecionam nas séries iniciais".

Na área de *gestão institucional*, as categorias supervisor, QAE e QSE propõem a "restruturação das Diretorias de Ensino" e sugerem o desmembramento das diretorias que atuam em grande extensão territorial, já que tal condição dificulta o acompanhamento das escolas. Outro destaque nessa área é a solicitação de revisão do processo de municipalização. Um questionamento importante surgido nas consultas foi sobre o elevado número de programas e projetos que vêm "desconcentrando" a escola.

Em relação à *gestão da infraestrutura*, gestores, professores e servidores manifestaram preocupação com relação à internet nas escolas, com os equipamentos de informática e a manutenção de maneira geral. Na área de *orçamento e finanças*, os indicativos são mais pontuais. Destaca-se a "revisão da distribuição das verbas para projetos pedagógicos das unidades escolares", apresentada pelas categorias diretor, professor e professor coordenador da oficina pedagógica.

Pouca contribuição ocorreu na área de *comunicação*. No entanto, dois pontos se destacam: a melhoria da comunicação entre a sede e as unidades escolares, apresentada pelas categorias de supervisores e professores, e o diálogo contínuo entre a sede e as categorias de servidores. Fica evidente a necessidade de uma política de comunicação mais direta da administração central com as unidades escolares e servidores, considerando-se as dimensões da Rede Estadual, dispersa em 645 municípios.

A educação básica pública tem solução?

A análise do rico material preparado e apresentado pelas sete categorias de profissionais da Secretaria da Educação do Estado e agrupadas em nove áreas[3] indica que efetivamente é possível construir políticas públicas que resultem em educação de qualidade, mas, para isso, é fundamental a participação dos servidores da Rede Estadual paulista. A partir de agora, chamaremos esse processo de "construção conjunta de uma Política Pública de Educação de Qualidade".

---

3 Uma listagem completa dos demais indicativos pode ser encontrada em Voorwald e Palma Filho, *Políticas públicas e educação: diálogo e compromisso*, op. cit.

3
Reestruturação da Secretaria da Educação do Estado e o Programa Educação: Compromisso de São Paulo

O panorama desenhado após as intensas e extensivas reuniões de trabalho com toda a Rede paulista deixa ainda mais clara a grande dívida com a educação em nosso país. Salientaram-se questões e problemas específicos, mas talvez a maior contribuição seja a direção apontada pelo debate, a saber: efetivar a descentralização da Rede paulista no processo de reestruturação da Secretaria da Educação.

Os diálogos com a Rede paulista definiram assim a base para a nova estrutura organizacional da Secretaria da Educação do Estado, iniciada com a publicação do Decreto 57.141/11. Seus pressupostos foram a descentralização com responsabilidade, a criação de um canal mais direto entre a Administração Central e as Diretorias de Ensino/Escolas e o conceito de entregas pelas coordenadorias responsáveis. Isso significava passar da lógica regional, na qual as 91 Diretorias de Ensino estavam subordinadas a duas coordenadorias,[1] para a lógica de

---

1 CEI (Coordenadoria de Ensino de Interior) e COGSP (Coordenadoria da Grande São Paulo).

entregas, com foco no desempenho do aluno e na gestão por resultados.

A estrutura básica da Rede passou a ser a seguinte:

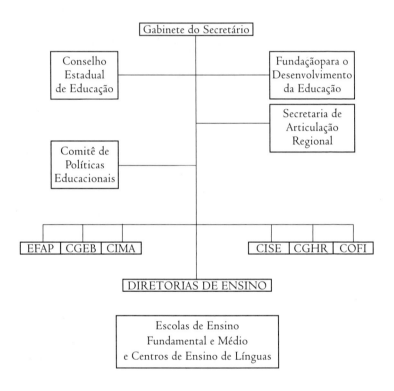

EFAP – Escola de Formação e Aperfeiçoamento
CGEB – Coordenadoria da Gestão da Educação Básica
CIMA – Coordenadoria de Informação, Monitoramento e Avaliação
CISE – Coordenadoria de Infraestrutura e Serviços Escolares
CGRH – Coordenadoria de Gestão de Recursos Humanos
COFI – Coordenadoria de Orçamento e Finanças

Figura 1. Reestruturação da Secretaria da Educação do Estado.

Há três observações importantes a serem feitas aqui. Em primeiro lugar, nota-se a existência de um Comitê de Políticas Educacionais, responsável pela definição de todos os programas, projetos e ações da Secretaria e composto por representantes do Gabinete do Secretário e pelos responsáveis pelas Coordenadorias. Em segundo, o fato de todas as coordenadorias aparecerem em uma relação de horizontalidade, indicando que, como unidades orçamentárias, devem executar suas atividades de forma articulada. E, em terceiro, a presença de uma Subsecretaria de Articulação Regional, responsável por vincular as políticas educacionais definidas pela Secretaria à atuação dos dirigentes de ensino no desenvolvimento das mesmas.

A solicitação da Rede paulista por um canal de comunicação mais direto entre a Secretaria da Educação do Estado e as Diretorias de Ensino/Escolas foi, portanto, atendida a partir de janeiro de 2012, com a implantação dessa nova estrutura. Nesse cenário, o programa *Educação: Compromisso de São Paulo* foi fundamentado a partir de uma visão ambiciosa e concebido para delinear de maneira clara os encargos administrativos e para realizar um resgate histórico, traçando um paralelo entre as mudanças socioeconômicas e a política de educação.

Foram definidos como responsabilidades da Secretaria a gestão do sistema estadual de educação, a execução da política de Governo do Estado nessa área e o desenvolvimento das atividades de ensino para estudantes de todos os níveis da Educação Básica. Além disso, é de responsabilidade da Secretaria oferecer assistência técnica, supervisionar e fiscalizar os estabelecimentos estaduais, municipais e particulares de ensino, pois, segundo a Constituição do Estado de São Paulo, o Sistema Estadual de Educação abrange as instituições públicas e privadas em todos os níveis e modalidades de ensino.

A Secretaria responde às regulamentações do Sistema Nacional de Educação, que abarca as camadas de ensino da União, dos Estados, do Distrito Federal e dos municípios. O Plano Nacional de Educação é o articulador desse sistema, que prevê planejamento e gestão democráticos, cooperação entre as diferentes esferas de poder público e interdependência entre os entes federativos, onde os plenos direitos à educação de qualidade devem ser garantidos.

3.1 Resgate histórico: paralelo entre as mudanças socioeconômicas e a política de educação

Consideremos "políticas educacionais" as ações governamentais que apontam para as diretrizes e valores relativos aos processos de formação no âmbito da escola. Essas políticas passaram por muitas reformas desde o Pós-guerra, quando foram instituídas políticas de proteção social.

A partir dos anos 1970, a crise econômica induziu mudanças que resultaram na crise do Estado de bem-estar social e nas propostas de reformas para reduzir gastos baseadas em ideias neoliberais. Na Educação, surgem as palavras "eficiência", "controle", "planejamento" e "avaliação", com definição de metas e medição de resultados.

Na década de 1980, a globalização impulsionou a conversão das ciências exatas, biomédicas e humanas em fatores estratégicos de produção. Portanto, formar trabalhadores qualificados com conhecimento adequado para desempenhar várias tarefas passou a ser algo prioritário.

A crise econômica mundial nos anos 1990 resultou na busca por reciprocidade nas ações do Estado. Também nesse período, as organizações não governamentais passaram a desempenhar um papel importante nas novas formas de gestão, que surgem justamente das suas relações com os governos. No Brasil, a democratização consolidou a universalização de direitos e a ampliação de ações de cobertura social, gerando pressões por melhorias nas diversas políticas públicas e consolidando a necessidade de diagnósticos que resultem em planejamento, plano de metas, monitoramento e avaliação.

É nesse cenário que surge o programa *Educação: Compromisso de São Paulo*, resultado do esforço integrado entre governo, sociedade civil e associações/ONGs, parceiras na busca por qualidade na educação básica. Trata-se de uma política pública construída de forma conjunta com a Rede Estadual do Estado de São Paulo e pensada com o intuito de capacitá-la para desenvolver cidadãos pensativos, inovadores, criativos e produtivos.

3.2 Programa Educação: Compromisso de São Paulo. Pilares, macroestratégias e intervenções

Em uma Rede de Educação Básica Pública extensa como a do Estado de São Paulo, as demandas são cada vez mais fragmentadas, oriundas de públicos variados e necessidades particulares, o que coloca em dúvida a definição de políticas públicas universalizantes. A necessidade de respostas rápidas a questões específicas e a atuação crescente de atores sociais como associações de bairro, ONGs e sociedade civil organizada retiram do Estado parte do papel de formulação e implantação das políticas.

Assim, o foco passa a ser a organização e a gestão dessas ações. No caso paulista, o esforço do programa teve dois objetivos: primeiramente, o de criar um plano de ação ambicioso para o Estado com objetivos e ações claras de curto (4 anos) e longo prazo (20 anos). E, em segundo lugar, o de institucionalizar um programa e um modelo de governança para o acompanhamento dos resultados do programa.

O marco legal ocorreu com a publicação do Decreto 57.571, de 2 de dezembro de 2011. Posteriormente, com o Decreto 57.791/2012, criou-se um Conselho Consultivo, presidido pelo governador do Estado e composto por representantes da Secretaria da Educação (secretário, secretário adjunto e chefe de gabinete), membros do Conselho Estadual da Educação, seis representantes da equipe técnica da Secretaria e dez representantes da Sociedade Civil.

A ambição do programa era projetar a Rede paulista entre os 25 melhores sistemas educacionais do mundo até 2030, bem como posicionar a carreira docente entre as dez mais desejadas. Entre os pressupostos do programa, está a convicção de que é possível obter ganhos significativos em curto período de tempo, independentemente do ponto de partida do sistema. Para isso, cada etapa da jornada de melhoria está associada a um conjunto de intervenções.

No início do processo, instaura-se uma abordagem mais prescritiva de (1) controle, padronização; (2) centralização; (3) estruturação. A partir de um determinado patamar de evolução, oferece-se maior autonomia e a colaboração e a criatividade se tornam motores do desenvolvimento. Mas, independentemente da etapa, algumas características devem sempre estar presentes, a saber: avaliação dos alunos; utilização dos resultados das avaliações visando aprimoramento pedagógico;

revisão do currículo escolar; atualização da estrutura de remuneração e prêmios; e aprimoramento técnico dos professores.

Com base nesses pressupostos e diretrizes, a visão do programa é estruturada em três níveis lógicos. O primeiro é constituído por cinco pilares. O segundo consiste nas doze macroestratégias contidas nos pilares. E o terceiro abarca as 75 intervenções necessárias para a concretização do programa. É importante citar que esses cinco pilares contemplam as nove áreas nas quais foram agrupadas manifestações elaboradas pelos profissionais da Secretaria da Educação do Estado, vistas no capítulo anterior. São eles:

> **Pilar 1**: Valorizar e investir no desenvolvimento do capital humano da Secretaria.
> **Pilar 2**: Aprimorar as ações e a gestão pedagógica da Rede com foco no resultado dos alunos.
> **Pilar 3**: Expandir e aperfeiçoar a política de Educação integral.
> **Pilar 4**: Viabilizar mecanismos organizacionais e financeiros para operacionalizar o Programa.
> **Pilar 5**: Mobilizar, engajar e responsabilizar a Rede, os alunos e a sociedade em torno do processo de viabilização da aprendizagem.

A seguir, são apresentadas as macroestratégias e intervenções mais significativas para cada um dos pilares.

3.2.1 Pilar 1: *Valorizar e investir no desenvolvimento do capital humano da Secretaria*

Um dos grandes objetivos do Programa Educação: Compromisso de São Paulo é aumentar a atratividade e a efetividade da carreira docente. Portanto, a *primeira macroestratégia* é alicerçar essa carreira na progressão por mérito e desenvolver o papel do professor na comunidade escolar. A *segunda macroestratégia* consiste na transformação da carreira de diretor, redesenhando os critérios de seleção e alocação e incorporando assim mecanismos de formação e desenvolvimento profissional à carreira.

A partir da inclusão de novas intervenções, o Pilar I foi estruturado em 5 eixos:

1. Política salarial e carreira;
2. Adequação de quadros;
3. Desenvolvimento e formação continuada;
4. Condições de trabalho;
5. Administração de pessoal.

Ainda em relação ao aumento da atratividade da carreira do magistério, foram estabelecidos marcos legais de modo a, por exemplo, definir funções adicionais de carreira e novos elementos do processo de avaliação. Quanto à política salarial e de carreira, as leis complementares 1.143/2011 e 1.144/2011 para o Quadro do Magistério e o Quadro de Apoio Escolar, respectivamente, definiram a política salarial para os anos de 2011 a 2014. Em 2013, além dos 6% de reajuste previstos pelo mecanismo de aumento escalonado, houve um acréscimo de 2%.

Lembremos que o novo plano de progressão na carreira do professor foi discutido junto à comissão paritária. O Decreto 59.850/2013 versava sobre a evolução funcional não acadêmica para o Quadro do Magistério. Em 2014, dois Decretos foram publicados: o 60.285/2014, que tratava da evolução funcional acadêmica; e o 60.650/2014, que alterava o sistema de promoção do Quadro do Magistério.

O primeiro passo nesse processo de aperfeiçoamento do plano de carreira foi a adequação dos quadros. Em 2011, ocorreram concursos para oficial administrativo e executivo público para o Quadro de Servidores de Educação (QSE). No ano de 2013, o PEB II (concurso para Professor da Educação Básica II) e o QSE, além de concursos para analista administrativo, analista sociocultural e nutricionista. Também foi implantado um novo modelo de atribuição de classes e aulas que aumentou a probabilidade de fixação do professor na unidade escolar.

Em 2014, o PEB II entrou em exercício efetivo e realizou-se concurso para PEB I (Professor da Educação Básica I) e de QSE (analista de TI e obras). Também foram autorizadas 146 vagas de supervisor. No total, entre 2001 e 2014, houve ingressantes QSE nas áreas de analista administrativo, analista sociocultural, nutricionista, analista TI e obras, oficial administrativo e executivo público.

Nesse processo de ajuste, entraram em foco também as condições de trabalho. O Decreto 58.032/2012 autorizou a Secretaria da Educação a realizar inspeções médicas. Na área de administração de pessoal, aprimorou-se o sistema de contagem de tempo (Certificação Digital pelas Diretorias de Ensino) com redução de espera após o pedido de aposentadoria e integrou-se o Sistema Informatizado SIGEPREV com o Sistema Informatizado GDAE – Contagem de Tempo.

A formação continuada, importante elemento na gestão de carreira, contou com trinta ações, entre cursos e programas de formação, em 2011. Em 2012, contabilizam-se oitenta ações, incluindo cursos e programas de formação com mais de 100 mil profissionais de todos os Quadros da Secretaria da Educação do Estado atendidos. Em 2013, foram mais de setenta ações entre cursos e programas de formação. Participaram, ao todo, mais de 240 mil profissionais de todos os quadros da Secretaria da Educação do Estado. E, em 2014, foram mais setenta ações para 100 mil profissionais e se concluíram as modelagens da Academia de Líderes e a da Gestão dos Dirigentes.

3.2.2 Pilar 2: Aprimorar as ações e a gestão pedagógica da Rede com foco no resultado dos alunos.

Para o Pilar 2, foram desenvolvidas quatro outras macroestratégias. A *terceira macroestratégia* diz respeito à aceleração dos resultados já conquistados nos anos iniciais do ensino fundamental com base no aprimoramento e na extensão dos instrumentos, ações e capacidade de gestão pedagógica da Secretaria da Educação do Estado. A *quarta macroestratégia* objetiva consolidar o modelo de atuação pedagógica nos anos finais do ensino básico e no ensino médio, visando à redução das taxas de evasão e à aproximação da escola da realidade dos jovens. A *quinta macroestratégia* visa à elevação significativa da qualidade do ensino nas escolas prioritárias por meio de uma atuação focada e persistente, reduzindo a desigualdade de aprendizado. Já a *sexta macroestratégia* enfoca o investimento em tecnologias educacionais que auxiliem o aluno em seu processo de aprendizagem, de forma a alavancar o desempenho e os índices em curto e longo prazo.

Três novas intervenções foram incluídas neste pilar, visando ao aprimoramento das análises de resultados do SARESP pelas equipes pedagógicas, das ações de inclusão dos estudantes com necessidades especiais e da gestão escolar. Exploremos agora mais detalhadamente as evoluções em cada uma das quatro macroestratégias deste pilar.

Com relação à terceira macroestratégia (aceleração dos resultados), em 2011 aconteceu a avaliação técnica dos materiais de alfabetização matemática existentes, assim como a complementação desse material. Em 2012, começa a aplicação dos materiais de alfabetização matemática. Em 2013, foi atualizado o material do programa Ler e Escrever, do 1º ao 3º ano do ensino fundamental. Houve a melhoria do fluxo de produção de material didático, buscando maior eficiência e qualidade, e a implantação do EMAI (Educação Matemática nos Anos Iniciais), com o desenvolvimento do material de educação matemática em conjunto com os professores da Rede – quanto ao EMAI, destaca-se que o modelo de formação ocorreu com equipe interna de Professores Coordenadores de Núcleos Pedagógicos de Matemática e Professores Coordenadores de Núcleos Pedagógicos de anos iniciais em catorze polos. Produziu-se o *Guia de Orientação Didática* (História, Geografia e Ciências da Natureza) e implantou-se o projeto piloto Early Bird em dez escolas. Destaca-se também a devolutiva do SARESP, aprimorada com foco em sugestões para desenvolvimento das habilidades testadas e análise da produção escrita.

Em 2014, surgem alguns novos marcos importantes de aperfeiçoamento: ocorrem a avaliação diagnóstica implantada do 2º ao 5º ano do ensino fundamental; a disponibilização de plataforma para devolutiva da Avaliação da Aprendizagem em Processo (AAP); a atualização do material do 4º e 5º anos de Língua Portuguesa e dos materiais de recuperação intensiva; a ampliação da equipe de formadores e a formação e apropriação de metodologia de Inglês para os anos iniciais e sua implantação em 56 escolas. Foram disponibilizados a plataforma para devolutiva da AAP e o *Guia de Orientações Curriculares e Didáticas*

(História, Geografia e Ciências da Natureza, Arte e Educação Física), além da distribuição de acervo literário (45.540 livros).

Passemos à quarta macroestratégia, voltada para os anos finais e o ensino médio. Em 2011, aconteceu a AAP, implantada no 6º ano do ensino fundamental e no 1º ano do ensino médio, nas disciplinas de Língua Portuguesa e Matemática. Também foi aprovado o plano de redução do ensino regular noturno e o desenvolvimento do período de recuperação para o Ciclo II e ensino médio. No ano seguinte, houve a expansão da AAP para o 7º ano do ensino fundamental e 2º ano do ensino médio em Língua Portuguesa e Matemática e planejamento para expansão para os anos finais do ensino fundamental, do 6º ao 9º ano, e para 1º, 2º e 3º anos do ensino médio. Em 2013, realizaram-se a avaliação diagnóstica e o aprimoramento da devolutiva do SARESP, com foco em sugestões para desenvolvimento das habilidades testadas e análise da produção escrita.

A Avaliação da Aprendizagem em Processo – AAP, implantada em todos os anos e séries em Língua Portuguesa e Matemática – aconteceu em 2014. Atualizou-se o Sistema de Acompanhamento e Registro das Avaliações (SARA) com a captação das notas dos alunos que realizaram a AAP e emissão dos relatórios, além da atualização dos materiais do Programa "São Paulo faz Escola" em todas as disciplinas e anos/séries do ensino fundamental anos finais e ensino médio.

Dentro do escopo desta macroestratégia, houve também avanços relativos ao ensino noturno: em 2011, foi aprovado o plano de redução do ensino regular noturno e desenvolvimento do período de recuperação para o Ciclo II e ensino médio. Em 2012, a Rede registrava 36% dos alunos no ensino noturno e o período de recuperação foi estabelecido em 1.200 escolas prioritárias. Em 2013, houve uma redução registrando-se 28% dos alunos no ensino noturno. Nesse ano, aconteceu a difusão do plano para toda a Rede e iniciou-se a recuperação nos sábados e férias por adesão. Em 2014, mais uma redução, com 21% dos alunos no ensino noturno. Desenvolveu-se um documento orientador para recuperação contínua e formaram-se grupos de trabalho para atuar no ensino médio e na redução do ensino noturno – em paralelo, aconteceu o curso de formação para os gestores do Centro de Ensino de Línguas, responsável pela elaboração do currículo para todos os idiomas, e incentivou-se a mobilidade de alunos com um prêmio que oportunizava intercâmbio internacional.

Com foco na quinta macroestratégia, que visa à elevação significativa da qualidade de ensino, em 2011 foram formados e disponibilizados professores mediadores para cada uma das escolas prioritárias. Mapeou-se o cumprimento dos módulos de Professores Coordenadores de Oficinas Pedagógicas e Supervisores para Escolas prioritárias e foram selecionados profissionais para preencher os módulos restantes de Professores Coordenadores das Oficinas Pedagógicas e Supervisores. Foi criado um curso com foco na alfabetização para PEB I e PEB II dessas escolas, bem como o Programa de Recuperação, mirando as lacunas no conhecimento de Língua Portuguesa e Matemática.

Em 2012, já se contabilizavam cerca de mil professores mediadores. O Plano de Ação Participativo (PAP) foi adotado em 1.076 escolas e ocorreram os ciclos de formação continuada de Professores Coordenadores de Núcleos Pedagógicos[2] de Língua Portuguesa e Matemática. No ano seguinte, o número

---

[2] Terminologia que substitui "Professor Coordenador de Oficinas Pedagógicas" a partir de 2012.

de professores mediadores chegou a 2.500. Foi realizado o mapeamento do cumprimento dos módulos de Professores Coordenadores de Núcleos Pedagógicos e Supervisores para Escolas prioritárias. Além disso, houve a criação de cargo e a formação dos primeiros Professores Coordenadores de Apoio à Gestão Pedagógica (PCAGP) e a ampliação do acompanhamento pedagógico, que passou a envolver 46 Diretorias de Ensino, além de 762 escolas emergentes. Na residência educacional, foram contratados 1.640 estudantes universitários para 760 unidades escolares (44 Diretorias de Ensino). Em 2014, o número de residentes educacionais chegou a 3 mil, atuando em 1.364 escolas. Nesse ano, houve também o acompanhamento dos planos de ação e da oferta de formação continuada nas Diretorias de Ensino, com mais de vinte escolas prioritárias da capital e Grande São Paulo.

Sigamos para os avanços obtidos no âmbito da sexta macroestratégia (Investir em tecnologias educacionais que auxiliem o aluno no seu processo de aprendizagem). Em 2012, foi desenvolvido o Portal Educacional. Distribuíram-se os *kits* multimídia do MEC para as escolas. Em paralelo, A Escola Virtual de Programas Educacionais do Estado de São Paulo (EVESP) teve 10.586 alunos formados.

A plataforma Currículo+ começou a tomar forma em 2013, quando houve a curadoria de objetos digitais de aprendizagem, selecionando-se 1.300 deles. Também nesse ano, a EVESP ofereceu seis novos cursos *online* e firmou a parceira com o Google, passando a oferecer aplicativos que melhoravam a interatividade entre professores e alunos, assim como entre as escolas e as estruturas administrativas.

Em 2014, além da universalização do *Acessa Escola*, foi disponibilizada uma plataforma com sugestões de objetos digitais de aprendizagem. Ampliou-se, assim, o acervo de objetos digitais e planejaram-se novos cursos nos campos de Língua Portuguesa, Matemática, História, Geografia, Ciências, Educação Ambiental e Altas Habilidades. Foi oferecido um curso de formação para uso da plataforma Currículo+, enquanto se realizavam campanhas e ações de mobilização da Rede e dos alunos. Nesse período, a EVESP passou a ofertar dois novos cursos e, por meio de parcerias, disponibilizaram-se novos conteúdos – vale mencionar que a parceria com a Fundação Padre Anchieta resultou no canal digital aberto EVESP TV.

Não podemos finalizar esta exposição sobre o **Pilar 2** sem observar outros aprimoramentos ocorridos em paralelo àqueles objetivados pelas macroestratégias, mas não menos importantes. Houve, por exemplo, aprimoramento das análises de resultados do SARESP, das ações de inclusão e da gestão escolar. A avaliação de 2013, incluindo a recuperação nas férias, mapeou os pontos a serem fortalecidos e ampliou o banco de itens. A devolutiva do SARESP, então, teve como foco as sugestões para desenvolvimento das habilidades testadas e a análise da produção escrita. Também foram aprimoradas as ações de inclusão de estudantes com necessidades especiais – inclui-se nessa ação a contratação de cuidadores. Além disso, cabe ressaltar: a Resolução S.E. 32/2013 implantou os CAPES regionais; desenvolveu-se a secretaria escolar digital; e foram estabelecidos os manuais de orientação e os modelos de gestão de vida escolar. Em 2014, iniciaram-se os estudos para a revisão da matriz de referência para avaliações, assim como para a informatização do processo de atribuição de aulas e da questão das devolutivas simplificadas do SARESP. A Fase I da secretaria escolar digital foi implantada.

3.2.3 Pilar 3: Expandir e aperfeiçoar a política de Educação Integral

Neste pilar encontram-se duas macroestratégias. A sétima macroestratégia enfoca a consolidação de um novo modelo de escola, com jornada ampliada (8 horas diárias) e com um currículo integralizado para, até 2030, ampliar gradativamente o atendimento até atingir a totalidade dos alunos do ensino médio e do Ciclo II. A oitava refere-se à "nova carreira" docente, mais atrativa para o professor em regime de dedicação exclusiva, oferecendo maior competitividade de remuneração e desenvolvimento profissional acelerado para os profissionais que assim o desejarem.

Cinco intervenções foram incluídas no Pilar 3: aprimorar e ampliar do ensino integral (anos finais e ensino médio); o Ensino Integral para os anos iniciais; o Programa Vence; o Centro Educacional Paulista; e o Programa de Ensino Médio Inovador (ProEMI).

Vamos à *sétima macroestratégia* (consolidar novo modelo escolar com jornada ampliada). Em 2011, definiu-se que o projeto piloto das escolas de ensino médio ocorreria entre dez e vinte escolas e deu-se continuidade às Escolas de Tempo Integral (ETIs), criadas em 2005. No ano seguinte, dezesseis escolas exclusivas de ensino médio com jornada ampliada foram criadas. No ano de 2013, elaborou-se o modelo pedagógico para o Ciclo II e foram realizados estudos para a reorganização curricular das Escolas de Tempo Integral (ETIs) em caráter experimental. Nesse ano, funcionaram no modelo de escolas de ensino integral 69 escolas do ensino médio e dos anos finais do ensino fundamental.

Em 2014, foram desenvolvidas ferramentas para a gestão do plano de ação das escolas, avaliação diagnóstica, gestão de pessoas (credenciamento, formação e avaliação de desempenho), além de haverem sido viabilizados aos profissionais cursos de formação de modo descentralizado, via EaD. Ainda em 2014, foram produzidos e distribuídos materiais de pauta diversificada (26 títulos) – para as dezessete escolas de ensino integral de anos iniciais, também foi preparado o modelo pedagógico e de gestão. Adotando um modelo compreensivo de diagnóstico, foram incorporadas questões socioeconômicas, tecnológicas, familiares e comunitárias em diferentes linguagens. Também foram trabalhados a tecnologia na sala de aula (*Blended Group* e *Adapted Learning*), a produção de tutoriais e a avaliação da iniciativa, em convergência com o *Programa de Educação Integral*.

Atendendo à *oitava macroestratégia* (criar uma "nova carreira" mais atrativa para o professor em regime de dedicação exclusiva), em 2011 foram estabelecidos os marcos legais do regime de dedicação exclusiva, com novas funções e responsabilidades sendo desenhadas para professores e diretores. Foi um período de definição de processo e critérios de seleção, de elementos de remuneração e de aspectos específicos de avaliação de desempenho.

Em 2012, com a Lei Complementar 1.164 de 4/1/2012 e a Lei Complementar 1.191 de 28/12/2012, quatrocentos professores foram admitidos em regime de dedicação exclusiva no novo modelo de escola. Elaborou-se e implantou-se o RDPI (Regime de Dedicação Plena e Integral) com GDPI (Gratificação de Dedicação Plena e Integral) de 50% para o ensino médio integral. No ano seguinte, o RDPI e o GDPI foram implantados também no Ciclo II do ensino fundamental. Ainda em 2013, o GDPI foi ampliado para 75% e definiu-se um modelo de gestão de pessoas por competências (avaliação por competências no credenciamento e na avaliação). No modelo de Educação Integral, atuaram 1.300 docentes em 69 escolas.

Em 2014, foram encaminhados o credenciamento das equipes escolares, a avaliação e o PDI (Prêmio por Desempenho Individual). Definiram-se os critérios mínimos para permanência e foi implementado o RDPI para o Ciclo I do ensino fundamental. Também se desenvolveu um novo modelo formativo, que articulava o ensino presencial descentralizado com a EaD.

Durante esses anos, ampliaram-se as discussões envolvendo o Vence, o Centro Educacional Paulista (CEP) e o ProEMI (Programa de Ensino Médio Inovador), assim como os convênios com os municípios para a construção de creches. O Vence, articulando o ensino médio à educação profissional, passou de 4.047 estudantes (na modalidade Integrado) e 64.854 estudantes (na Concomitante) em 2013 para 6.147 estudantes (Integrado) e 84.853 estudantes (Concomitante) em 2014. O ProEMI passou de 707 escolas conveniadas em 2013 para 1.967 no ano seguinte. Em relação ao CEP, elaborou-se um plano para equipamento educacional com foco em regiões vulneráveis, de modo a atender os alunos de ensino fundamental II, além haverem sido desenvolvidos modelos pedagógicos.

3.2.4 Pilar 4: Viabilizar mecanismos organizacionais e financeiros para operacionalizar o Programa

O Pilar 4 reunia originalmente duas macroestratégias, às quais foi acrescida uma terceira, com algumas novas áreas de ação.

A *nona macroestratégia* procura estabelecer instrumentos de fomento e desenvolvimento da Educação no Estado de São Paulo. Visando o estabelecimento desses instrumentos, entre

2011 e 2013 avaliou-se tanto o uso das Parcerias Público-Privadas (PPP) na construção e gestão da Rede quanto as oportunidades surgidas após o fim da desvinculação de receitas da União. Também foram realizados estudos sobre as mudanças na legislação com foco na desoneração fiscal da Educação em São Paulo.

A *décima macroestratégia* contempla a implementação de uma nova estrutura organizacional da Secretaria da Educação, onde se prevê a designação de uma equipe exclusivamente dedicada à coordenação do Programa Educação: Compromisso de São Paulo. Entre 2011 e 2013, foram aperfeiçoados o planejamento estratégico e de gestão da Secretaria e o planejamento orçamentário, com foco nos resultados, além terem sido fortalecidos os quadros de Gestão e Administrativo. Em 2014, no processo de consolidação do orçamento para resultados, implantou-se o sistema de custos (Projeto Custear Alunos – Secretaria da Fazenda) e o escritório de projetos com metodologia e sistema informatizado de acompanhamento. A reestruturação organizacional da Secretaria da Educação do Estado foi avaliada e foram propostos ajustes.

As novas intervenções alocadas no Pilar 4, que constituem a *décima primeira macroestratégia*, são o aperfeiçoamento do planejamento estratégico e orçamentário e da gestão da Secretaria da Educação, bem como dos serviços escolares e da infraestrutura. Com o objetivo de ampliar os serviços escolares e melhorar a infraestrutura, entre 2011 e 2013 foi aprimorado o setor de planejamento e gestão dos serviços escolares (sistema de proteção escolar, alimentação escolar e transporte escolar). Em 2014, implantou-se um sistema informatizado para gestão de merenda escolar e outro para a gestão de transportes, este contando com tecnologia de georreferenciamento.

3.2.5 Pilar 5: Mobilizar, engajar e responsabilizar a Rede, os alunos e a sociedade em torno do processo de ensino-aprendizagem

Chegamos à *décima segunda macroestratégia* (Conscientizar e mobilizar a sociedade, famílias e alunos, de forma que todos estejam engajados e comprometidos com o processo de ensino-aprendizado), base do Pilar 5. Entre 2011 e 2013, as ações nesse setor envolveram a Escola da Família e campanha publicitárias (em TV, mídia impressa e rádio) que divulgaram as inscrições para o Vence e o Ensino Integral. Em 2014, foi produzido o caderno *Balanço da Gestão*, com as informações das ações realizadas entre 2010 e 2014 pela Secretaria. No mesmo ano, foi criado um banco de dados com informações educacionais (Edudados). Vieram a público o boletim *Torpedo-Imprensa* e o informativo mensal *Sua Notícia*, com as reportagens da mídia regional, que passaram a ser distribuídos aos dirigentes de ensino. Ainda em 2014, a campanha "Um Papo Reto" foi realizada com foco no SARESP e disponibilizou-se uma cartilha para os pais com dicas sobre a participação na vida escolar dos filhos.

No período de 2011 a 2013, as ações voltadas para a macroestratégia de comunicação para a Rede tiveram como base uma série de reuniões do secretário e do secretário adjunto. O projeto procurava engajar a área da comunicação em torno da missão e dos objetivos do programa, criando com isso uma Secretaria da Educação aberta, transparente e próxima aos profissionais de educação. Também nesse período, implantou-se a intranet e reformulou-se o informativo *Carteiro*, dando maior visibilidade a projetos de escolas e diretorias de ensino e aproximando-as dos polos da Rede. Em 2014, o projeto da intranet, já consolidado, foi finalista nos prêmios Mário Covas e CONIP na categoria "Novas Tecnologias". Nesse ano, realizaram-se videoconferências semanais com todos os dirigentes de ensino e as coordenadorias, organizadas pela Subsecretaria de Articulação Regional (SAREG), e foram gravados 240 vídeos com depoimentos de professores sobre a utilização do Currículo+.

3.3 Comentários

A Secretaria da Educação do Estado procurou contemplar a diversidade do mundo atual. Para isso atuou, como não podia deixar de ser, também de forma diversificada. Diante da necessidade de diálogo da escola com os jovens e considerando o contexto no qual as tecnologias demandam novos ritmos e formas de aprendizagem, buscaram-se iniciativas que atendessem principalmente aos estudantes dos anos finais do ensino fundamental e os do ensino médio.

Nesse cenário, uma das necessidades mais imediatas era o ensino gratuito de línguas – inglês, espanhol, italiano, francês, alemão, japonês e mandarim. Nesta área atuaram os Centros de Estudo de Línguas (CELs), que, com cursos de boa qualidade (e certificados após a conclusão), ofereciam importante reforço à vida acadêmica e profissional dos estudantes. Mas outras necessidades estruturais fundamentais necessitavam de ações de impacto, longevas e transformadoras em curto e longo prazo, como as demandas encontradas em áreas como educação de jovens e adultos (que já atendia, em 2013, aproximadamente 214.000 pessoas em 1.516 escolas da Rede Estadual), permanência no ambiente escolar, educação profissionalizante, uso de tecnologias no processo de viabilização da aprendizagem, formação continuada e outras, sem falar, claro, da já comentada necessidade de promover melhorias profundas na gestão de carreira do corpo de profissionais ligados à Rede de ensino.

Em relação à possibilidade de ampliação da aprendizagem dos estudantes pelo prolongamento de sua permanência na unidade escolar, as Escolas de Tempo Integral (ETIs) estavam voltadas aos anos iniciais e finais do ensino fundamental, oferecendo, no contraturno, oficinas curriculares e atividades complementares. A criação do novo modelo de educação integral tem sua base legal definida pela Lei Complementar 1.164, de 4 de janeiro de 2012, que estende sua implantação para as escolas de ensino médio. Com a Lei Complementar 1.191, de 28 de dezembro de 2012, oferece-se gratificação de 75% para os docentes atuando no Programa e a ampliação do modelo para as escolas do Ciclo II do ensino fundamental.

Este modelo de escola integral ajusta a proposta curricular e permite tanto a diversificação do conteúdo ofertado quanto uma forma de trabalho diferenciado para o professor, engajando-o ainda mais no processo ensino-aprendizagem e tornando a experiência da aprendizagem mais próxima da realidade do estudante. Para a implementação desse modelo foram necessários ajustes na infraestrutura, tais como laboratórios de informática e ciências e salas de leitura. Essa iniciativa é baseada em duas ações fundamentais: o empreendedorismo juvenil, pensado como uma atividade pedagógica que concretiza parte ou a totalidade do projeto de vida do estudante; e o protagonismo juvenil, onde o aluno assume progressivamente a gestão de seus conhecimentos e de sua aprendizagem.

Em paralelo, o corpo docente foi foco do Programa REDEFOR, instituído pelo Decreto 55.650/2010. Esse programa objetivava promover, em parceria com as universidades públicas paulistas, a promoção de formação continuada dos professores e gestores escolares integrantes do Quadro do Magistério (QM) da Rede Estadual.

O programa Vence, que já mencionamos, foi criado pelo Governo do Estado de São Paulo em 11 de julho de 2011 (Decreto 57.121), articulando o ensino médio à educação profissional. Era oferecido em duas modalidades: Educação Profissional Técnica de nível médio integrada ao ensino médio e Educação Profissional Técnica de nível médio concomitante ao ensino médio. O programa atendia alunos matriculados na 2ª e 3ª séries do ensino médio e aqueles que pertenciam a qualquer termo do EJA (Educação de Jovens e Adultos) da Rede Estadual dos 645 municípios paulistas.

Finalmente, temos o programa Novas Tecnologias, Novas Possibilidades, que surge com o objetivo de aprimorar o processo de ensino-aprendizagem por meio da disponibilização de ferramentas e recursos pedagógicos tecnológicos aos professores e alunos de todos os anos dos ensinos fundamental e médio. Centrado na proposta curricular paulista, ou seja, com foco no currículo, trata-se de uma construção conjunta com toda a Rede, com envolvimento e participação direta dos profissionais na estruturação e na implementação dos projetos. Tem como princípio a união integrada e sistêmica para que o programa se concretize, com foco na sala de aula e com cinco eixos integradores: Conteúdo digital, Infraestrutura de TI, Apoio e formação aos Professores, Mobilização da Rede e Aprendizado em Rede. Dentro desse programa, surge como recurso pedagógico complementar o projeto Currículo+, disponibilizando sugestões de conteúdo digital (vídeos, animações, jogos, simuladores, infográficos, áudios) relacionados ao currículo paulista. Suas ferramentas inovadoras são construídas por meio de parcerias, como a realizada com o Google – que visava facilitar a prática escolar e a interação entre escolas e órgãos administrativos – e com a Microsoft – que ofereceu gratuitamente cinco licenças do pacote Office para cada um dos estudantes, para que eles possam instalar os programas em sua residência ou em outros locais, viabilizando assim a utilização das ferramentas em outros ambientes de estudo.

Também merece destaque a Escola Virtual de Programas Educacionais do Estado de São Paulo (EVESP), cujo marco legal é o Decreto 57.011/2011. Com foco no estudante, sua finalidade é oferecer programas educacionais regulares, especiais e de capacitação em situações que requerem atendimento a necessidades de grupos específicos. Com supervisão pedagógica da CGEB, desenvolve programas e cursos de acordo com as diretrizes curriculares nacionais e as deliberações do Conselho Estadual de Educação. Entre eles, os cursos de inglês, espanhol e libras, todos *online*, de defesa civil, conscientização no trânsito, além de um cursinho pré-universitário também *online*.

3.4 Resultados

Passamos agora a uma breve exposição dos resultados obtidos entre 2011 e 2016 e a representatividade desses números em relação às metas estabelecidas para o ano de 2030.

A Tabela 1, a seguir, apresenta os resultados do IDESP para os anos iniciais e finais do ensino fundamental e ensino médio de 2010 a 2016. Estão também representados os valores de acordo com a previsão de metas para 2030. Há aumentos em todas as três etapas: 36,4% e 16,3% para o Ciclo I e o Ciclo II do ensino fundamental, e 27,8% para o ensino médio.

Tabela 1: IDESP.

	2010	2011	2012	2013	2014	2015	2016	Meta 2030
Anos iniciais	3,96	4,24	4,28	4,42	4,76	5,25	5,4	7,0
Anos finais	2,52	2,57	2,5	2,5	2,62	3,06	2,93	6,0
Ensino médio	1,8	1,78	1,91	1,83	1,93	2,25	2,30	5,0

Fonte: SEE/IDESP.

Utilizando-se a série histórica de crescimento nesse período e projetando-se esse ritmo até 2030, os resultados indicam que a meta seria atingida somente para os anos iniciais do ensino fundamental. Mantendo-se estes números (36,4%, 16,3% e 27,8%) de crescimento a cada seis anos, ficariam aquém da meta os anos finais do fundamental e o ensino médio.

A Tabela 2 apresenta as variações percentuais do IDESP de 2010 a 2016, ano a ano, para os anos iniciais e finais do ensino fundamental e ensino médio.

Tabela 2: Variação percentual do IDESP (%).

	Anos iniciais (Ciclo I)	Anos finais (Ciclo II)	Ensino médio
2010 – 2011	7,07	1,98	–1,12
2011 – 2012	0,94	–2,8	7,3
2012 – 2013	3,27	–	–4,4
2013 – 2014	7,69	4,8	5,5
2014 – 2015	10,3	16,8	16,6
2015 – 2016	2,86	–4,4	2,2

Fonte: SEE/IDESP.

A análise dos dados para os anos iniciais no ensino fundamental indica crescimento no IDESP de 2010 a 2016 – de forma sustentável, de 2011 a 2015. No caso dos anos finais do ensino fundamental, após uma queda de 2011 a 2012, iniciou-se uma recuperação crescente até 2015, com aumento de 16,8% no IDESP no intervalo 2014-2015. Um comportamento semelhante pode ser observado com relação ao ensino médio para as avaliações de 2013 a 2015, com uma evolução de 16,6% de 2014 a 2015.

Portanto, analisando-se a variação do IDESP ano a ano a partir de 2010, é possível observar para as três etapas um crescimento de 7,69%, 4,8% e 5,5% (para os anos iniciais, finais e ensino médio, respectivamente) de 2013 para 2014, e de 10,3%, 16,8% e 16,6% de 2014 para 2015. Fica claro que se pode melhorar significativamente a série histórica, como demonstrado nos resultados obtidos entre 2013 e 2015. Mantendo-se esse crescimento, é possível viabilizar as metas estabelecidas para 2030. Para isso, e fundamental a continuidade das ações que levaram a tais resultados, sustentando essa evolução.

Nas tabelas 3, 4 e 5, estão representados os valores do Índice de Desenvolvimento da Educação Básica (IDEB) para os anos iniciais e finais do ensino fundamental e ensino médio. Esse indicador nacional foi criado em 2007 pelo Instituto Nacional de Estudos e Pesquisas Educacionais Anísio Teixeira, que mede a qualidade da educação básica em todo o país e estabelece metas para a sua melhoria. A taxa de rendimento escolar (aprovação) e as médias de desempenho nos exames aplicados a cada dois anos pelo INEP são os dois parâmetros utilizados para o cálculo do índice.

Nas mesmas tabelas, estão indicadas as metas projetadas até 2021. Pode ser observado que, apesar de um regular aumento dos índices, a meta projetada para 2015 só foi alcançada e ultrapassada pelo ciclo I do ensino fundamental. Nesta mesma etapa de ensino, a análise dos resultados de 2007 a 2015 indica que a meta projetada para 2021 será atingida.

Tabela 3: IDEB (4ª série/5º ano)

	2005	2007	2009	2011	2013	2015	2017	2019	2021
IDEB observado	4,5	4,7	5,4	5,4	5,7	6,4	–	–	–
Metas projetadas		4,6	4,9	5,3	5,5	5,8	6,1	6,3	6,6

Fonte: MEC/INEP.

Tabela 4: IDEB (8ª série/9º ano)

	2005	2007	2009	2011	2013	2015	2017	2019	2021
IDEB observado	3,8	4,0	4,3	4,3	4,4	4,7	–	–	–
Metas projetadas		3,8	4,0	4,2	4,6	5,0	5,3	5,5	5,8

Fonte: MEC/INEP.

Tabela 5: IDEB (3ª série EM)

	2005	2007	2009	2011	2013	2015	2017	2019	2021
IDEB observado	3,3	3,4	3,6	3,9	3,7	3,9	–	–	–
Metas projetadas		3,3	3,4	3,6	3,9	4,2	4,6	4,9	5,1

Fonte: MEC/INEP.

Para o ciclo II do ensino fundamental e ensino médio, os resultados do IDEB indicam que a meta foi atingida em 2011.

Na avaliação de 2013, essas duas etapas apresentaram resultados inferiores aos previstos. No caso dos anos finais do ensino fundamental, o índice de 2013 (4,4) foi inclusive superior ao de 2011 (4,3). No ensino médio, foi inferior (de 3,9 em 2011 para 3,7 em 2013). No entanto, observa-se o crescimento de 4,4 para 4,7 e de 3,7 para 3,9 de 2013 para 2015, para o ciclo II e o médio, respectivamente. Mesmo assim, apesar do incremento, os resultados permanecem abaixo da meta.

As variações percentuais dos valores do IDEB observado e das metas projetadas (de 2007 a 2021) estão indicadas na Tabela 6.

Tabela 6: IDEB – Variações Percentuais (%).

	Anos iniciais (Ciclo I) Resultados obtidos	Anos iniciais (Ciclo I) Metas projetadas	Anos finais (Ciclo II) Resultados obtidos	Anos finais (Ciclo II) Metas projetadas	Ensino médio Resultados obtidos	Ensino médio Metas projetadas
2005 – 2007	4,4	–	5,2	–	3,0	–
2007 – 2009	14,9	–	7,5	5,3	5,9	3,0
2009 – 2011	–	–	–	5,0	8,3	5,9
2011 – 2013	5,5	–	2,3	9,5	–5,4	8,3
2013 – 2015	12,3	–	6,8	8,7	5,4	7,7
2015 – 2017	–	5,2	–	6,0	–	9,5
2017 – 2019	–	3,3	–	3,8	–	6,5
2019 – 2021	–	4,8	–	5,4	–	4,1

Na comparação em termos percentuais relativos aos anos finais do ensino fundamental no período de 2013 a 2015, com o crescimento da meta projetada no mesmo período, obtêm-se os seguintes valores: 6,8% (IDEB) e 8,7% (meta projetada). Portanto, apesar do crescimento, este foi menor do que o projetado. Nos três biênios seguintes, de 2015 a 2021, as metas projetadas são de 6,0% (2015 a 2017), 3,8% (2017 a 2019) e 5,4% (2019 a 2021). Assim, esta etapa da educação básica demanda a concentração de esforços nas diferentes ações, projetos e programas para que se viabilizem as condições que levarão a um melhor aprendizado, pois, se for mantido o crescimento do IDEB no período de 2013 a 2015 (6,8%) nas próximas avaliações, em 2021 o IDEB dos anos finais do ensino fundamental estará muito próximo da meta estipulada. É importante observar que existe um crescimento sustentável no índice a partir de 2011. A mesma análise da Tabela 6 do IDEB para o ensino médio indica um crescimento de 5,4% de 2013 a 2015, sendo para a meta projetada 7,7%. Para os três biênios seguintes, os aumentos projetados são de 9,5% (2015 a 2017), 6,5% (2017 a 2019) e 4,1% (2019 a 2021). Os dados do ensino médio mostram que, após um crescimento no período de 2007 a 2009 (5,9%) e de 2009 a 2011 (8,3%), ocorreu uma queda de 5,4% no período 2011 a 2013. A seguir, de 2013 a 2015, houve uma recuperação de 5,4%. Mantendo-se nas próximas avaliações a evolução no crescimento do IDEB da 3ª série do ensino médio em 5,4% (2013 a 2015), em 2021 o resultado atingido será em torno de 4,6, menor do que a meta projetada, de 5,1. Sem dúvida, essa é a etapa de ensino que demandará um significativo esforço na garantia das condições que efetivamente resultem numa melhor educação.

Os resultados apresentados indicam uma melhora nos indicadores de avaliação (IDESP/IDEB), o que, em última instância, reflete o aprendizado dos estudantes. No entanto, para os anos finais do ensino fundamental e para o ensino médio, a evolução está aquém da necessária para, de fato, viabilizar a desejada qualidade na educação básica. Pode-se, portanto, concluir que há uma estabilização das ações afirmativas dos diversos programas, projetos e ações. A formação continuada, o currículo, os materiais didáticos, as avaliações, os modelos de reforço/recuperação, entre outras intervenções, apesar de fundamentais na evolução observada, vem resultando num ritmo de melhoria muito lento frente às crescentes demandas por uma melhor educação. Uma análise mais detalhada a respeito dessas questões será apresentada no próximo capítulo.

4
O desafio da melhoria da qualidade

No capítulo anterior, vimos que os resultados das avaliações mostram que o Estado de São Paulo avançou em várias frentes. A implementação da progressão continuada, com foco no reforço e na recuperação, e a definição de um currículo oficial que define as habilidades a serem desenvolvidas em cada ano, levaram à melhoria da aprendizagem. Os professores e estudantes passaram a contar com o apoio de materiais didáticos de qualidade e de novas tecnologias educacionais.

Além do currículo básico, trabalhou-se o aprendizado de vários idiomas nos Centros de Ensino de Línguas, a educação profissional, com o programa Vence, e a educação em tempo integral. Implantou-se a Escola de Formação e Aperfeiçoamento dos Profissionais de Educação (EFAP) e desenvolveu-se um plano de carreira que contemplava a progressão profissional a partir dos instrumentos de evolução e promoção.

Ao mesmo tempo, foi incrementado o sistema de avaliação focado nos resultados educacionais (SARESP) e, de modo ainda mais extensivo, foi reestruturada administrativamente a Secretaria da Educação. Implantou-se um modelo de gestão para resultados, com foco no desempenho dos alunos, e definiu-se o plano estratégico Educação: Compromisso de São Paulo, com metas até 2030.

No entanto, persistem muitos desafios relacionados à consolidação da universalização, visto que a taxa de frequência escolar bruta para o ensino fundamental (6 a 14 anos) é de 99,2%, caindo para 79,7% para o ensino médio (15 a 17 anos).

Apesar da redução nas taxas de distorção idade-série da Rede paulista em 2015 para os anos iniciais e finais do ensino fundamental e ensino médio (4,0%, 10,8% e 14,7%, respectivamente), verifica-se a necessidade de continuidade de ações visando a uma queda ainda mais significativa. O mesmo se aplica para as taxas de abandono, que em 2015 foram de 0,2%, 1,7% e 3,8% para as três etapas de ensino, respectivamente.

Com relação à qualidade da Educação, esta se encontra abaixo dos níveis atingidos por países com PIP/capital similar. Assim, apesar da evolução nos resultados, o ritmo de melhoria é lento e muitos anos serão necessários para que os níveis recomendáveis sejam atingidos. Para os anos iniciais do ensino fundamental, o crescimento no IDEB de 2005 a 2015 ressalta a importância do programa Ler e Escrever e sua aceitação pelos profissionais da Rede de Educação Básica do Estado de São Paulo. Isso já fora sinalizado em reuniões e nos documentos preparados e encaminhados à Secretaria em 2011, inclusive com propostas de que "as boas práticas do Ler e Escrever pudessem ser estendidas ao São Paulo faz Escola (programa de distribuição de material de apoio a docentes e discentes)". Já os resultados do IDEB para os anos finais do ensino fundamental e ensino médio apontam para um crescimento menor do que 20% de 2005 até 2015. Nos dois casos, observa-se ainda que a evolução, apesar de crescente, não é contínua. Ou seja, podem apontar também para uma estabilização ou mesmo para uma redução de uma avaliação para outra.

Esses comportamentos podem ser verificados para os anos finais do ensino fundamental de 2009 a 2011 e para o ensino médio de 2011 a 2013, respectivamente. De fato, há uma premência de reformas para melhorar a atratividade do ensino médio, especialmente no que se refere à flexibilização do currículo, à integração e articulação com a educação profissional e à reforma curricular orientada para as competências necessárias aos jovens do século XXI.

Posteriormente, em 16 de fevereiro de 2017, foi sancionada a lei que alterou o ensino médio e consolidou, entre outras questões, a flexibilização da grade curricular. Essa reforma tem como prazo de implantação dois anos após a aprovação da Base Nacional Comum Curricular. A BNCC descreve o que os alunos devem aprender e responde por 60% da carga horária igual para todos. Os outros 40% da grade estão flexibilizados nas seguintes áreas: linguagens, matemática, ciências da natureza, humanas e formação técnica. Cabe ao estudante a escolha pela área que completará sua grade. No prazo de até cinco anos, a carga horária mínima aumentará de quatro para cinco horas diárias. Também há incentivo para que as redes estaduais ampliem o ensino integral de sete horas. O texto, que altera a Lei de Diretrizes e Bases da Educação, possibilita ainda o uso do ensino a distância para completar a formação, considerando-se as "exigências curriculares".

Em 2011, a Rede paulista já fora acionada para discutir a matriz curricular do ensino médio. Duas questões relacionadas à distribuição de tempo então se destacavam: 1) uma redistribuição mais equitativa da carga horária entre as diversas áreas do conhecimento; 2) uma concentração de carga por área no terceiro ano. As razões para o destaque de tais tópicos fundamentavam-se na possibilidade de oferecer os conhecimentos necessários para uma formação integral ao mesmo tempo que se permitiam escolhas por áreas de interesse do estudante. Sem dúvida, os resultados possibilitariam que o aluno permanecesse na escola e obtivesse nesse período significativa aprendizagem para sua vida pessoal e profissional, superando, evidentemente, os efeitos da retenção e da evasão.

Entre outros pontos destacados nas discussões com os educadores relativas à matriz curricular do ensino médio, estava a questão da infraestrutura necessária para permitir a opção do aluno por áreas de conhecimento. É fundamental que tal escolha seja respaldada por um conjunto de atividades que efetivamente viabilizem a qualidade da aprendizagem. São necessários equipamentos como laboratórios "secos" e "úmidos", salas multimídia, dependências esportivas e espaços de convivência, entre outros, para a formação integral do jovem. A existência dessas "facilidades" demandará extensos programas de formação continuada dos profissionais envolvidos nas diversas disciplinas, principalmente daqueles responsáveis pelas atividades experimentais em laboratórios.

Sabe-se que as dificuldades de espaço físico em muitas escolas da Rede paulista dificultariam sobremaneira as reformas necessárias para a implementação do modelo de ensino médio em discussão. Entre todas as questões apontadas, essa foi considerada a de mais difícil solução a curto e médio prazo. De qualquer forma, a partir dessas ricas discussões foram iniciados os trabalhos que resultaram no modelo de ensino integral, iniciado em 2012 em dezesseis escolas de ensino médio.

A educação básica pública tem solução?

A nova proposta, sancionada em 16 de fevereiro de 2017, à parte seus méritos, também enfrentará problemas em sua implementação. Além do problema de infraestrutura, principalmente quando se considera a extensão da jornada dos alunos em cada unidade escolar, há a questão da formação inicial e continuada dos profissionais. A qualidade do ensino está diretamente ligada a esse ponto, já que Educação se faz com pessoas. Uma política salarial que possa atrair bons profissionais e evitar a saída de outros e uma carreira que valorize a dedicação e reconheça o comprometimento são pontos que devem ser considerados caso se deseje que a reforma do ensino médio evite a evasão e melhore a formação dos estudantes.

Isso tudo foi considerado quando houve a adesão da comunidade escolar pelo modelo de ensino médio integral no Estado de São Paulo em 2012. Os resultados mostram o acerto tanto de sua concepção quanto do processo de implantação. No programa da Rede paulista, iniciado com dezesseis escolas, as atividades para os estudantes em jornada integral estavam divididas entre disciplinas da Base Nacional Comum Curricular, eletivas, aulas experimentais em laboratórios, projeto de vida, clube juvenil e tutoria. Em 2016, com a expansão das escolas participantes, o IDESP saltou de 2,14 para 3,71 – um aumento de 73,4%, considerando o período de 2012 a 2016.[1]

---

[1] É importante reafirmar que o IDESP de 2016 para o ensino médio regular foi de 2,30. Na sequência, foi implantado o modelo integral nos anos finais do ensino fundamental, que, em 2016, atingiu 3,88, o mesmo resultado de 2015 no IDESP. No ensino regular, o índice foi de 2,93. Iniciado em 2015, o ensino integral para os anos iniciais do fundamental mostra crescimento de 8,6%, de 5,82 para 6,32. Nos anos iniciais do fundamental regular, o índice foi de 5,4 em 2016.

Fica assim evidenciada a importância da extensão da jornada, associada a um projeto pedagógico e com a participação do corpo docente em período integral, para que resulte em uma real melhoria na formação do estudante

O uso das tecnologias educacionais no apoio à aprendizagem já é uma realidade, apresentando poucas restrições por parte dos estudantes, mas ainda encontrando dificuldades por se tratar de uma questão de infraestrutura e devido à aceitação de seu uso por segmentos do corpo docente.

Persistem ainda o desafio de superação dos interesses corporativos e de discussões ideológicas que travam melhorias no método de alfabetização, mantêm a fragmentação curricular (ocasionada pelo excesso de disciplinas e conteúdos) e distorcem ações e conceitos que já demonstraram sua validade, como a progressão continuada da aprendizagem.

4.1. Maiores desafios atuais

Tratamos dos principais desafios atuais concernentes à área da Educação pública, em tópicos que têm impacto direto na obtenção ou não de sucesso nas metas que nos colocamos para estas primeiras décadas do século XXI. Desafios relacionados, por exemplo, ao financiamento da Educação, ao planejamento de políticas educacionais, em especial de políticas públicas, à gestão dos recursos humanos envolvidos nesse processo e na busca dessas metas, e à própria estrutura organizacional da Secretaria da Educação do Estado de São Paulo.

O "Planejamento da Política Educacional em Regime de Colaboração" é um tema extremamente importante, visto que, em 1995, os municípios respondiam por apenas 9,7%

das matrículas do ensino fundamental, enquanto hoje são responsáveis por mais de 40% do total. Nesse período, a Rede Estadual de São Paulo passou de 79% para pouco menos de 40%. E, se em 1995 apenas 11,2% dos municípios paulistas contavam com uma rede própria de ensino, em 2015 quase a totalidade (99,5%) deles possuía uma rede municipal. Assim, no que se refere ao financiamento da Educação, é necessário impedir o retrocesso da municipalização, ao mesmo tempo que se fortalecem as relações Estado/município, que passaram a ser pauta prioritária. Como medidas importantes implantadas na esfera Federal, vale a pena citar a implantação do FUNDEF e do FUNDEB, pois, comparando-se o investimento do Brasil em educação com o de países de mesmo nível de renda *per capita*, observa-se que, pelo fato de a população em idade escolar ser maior, o gasto por aluno acaba sendo inferior, ainda que seja muitas vezes superior em valor absoluto. De todo modo, a meta do Plano Nacional de Educação é "ampliar o investimento público em educação pública de forma a atingir, no mínimo, o patamar de 7% (sete por cento) do Produto Interno Bruto – PIB do país no 5º (quinto) ano de vigência desta Lei e, no mínimo, o equivalente a 10% (dez por cento) do PIB ao final do decênio". Esse investimento deve ser alocado em vinte metas estabelecidas, que foram desmembradas nos Estados e municípios.

Quanto ao planejamento da política Educacional, há uma série de tópicos que merecem destaque: em relação ao currículo, a busca sistemática pela ampliação da grade curricular acarreta desvio do foco; na educação inclusiva, são necessários perfis profissionais cada vez mais especializados; para os anos finais do ensino fundamental, falta de um projeto claro, assim como para o Ensino médio noturno; verificam-se dificuldades na escalabilidade e no financiamento para a Educação em tempo integral e falta uma gestão de recursos materiais e financeira mais efetiva; e, na Secretaria da Educação do Estado, ainda é preciso garantir a consolidação da reforma administrativa e do modelo de gestão por resultados com foco no aluno.

Principalmente no que tange à construção de políticas públicas na Educação, há duas questões diretamente relacionadas que constituem desafios. A primeira é a necessidade de pensar a atual condição da Educação, a de depositária da função social da família e da sociedade e provedora de segurança e assistência social, embora não existam os recursos humanos e materiais para pleno atendimento a essas demandas. A outra é visar a formação integral de crianças e jovens, incutindo conjuntos de valores sociais importantes para a vida democrática.

Esses desafios serão enfrentados por pessoas. Estudantes e professores, coordenadores, diretores, todo o corpo de profissionais ligados à Rede de ensino. Portanto, como já foi bastante debatido, na construção de uma política de qualidade nacional, é vital uma gestão de recursos humanos que entenda o papel do educador e valorize os profissionais, considerando as especificidades da Educação e a realidade da sala de aula. Trata-se, assim, de trabalhar a cultura organizacional de modo a buscar a autonomia das Secretarias da Educação do Estado para gerir os seus recursos humanos.

Esse é um desafio que vem sendo enfrentado, mas que está longe de ter sido vencido. Olhando concretamente para o cenário atual, é necessário um cuidadoso planejamento da frente de trabalho, pois há um número elevado de professores em idade próxima à da aposentadoria. Também é preciso, como já ressaltado, tornar mais atrativa a carreira do magistério. A remuneração é pouco competitiva, o que leva os professores a lecionar em diversas redes para compor sua remuneração, o que pode ter como consequência a redução do comprometimento com a atividade fim.

Obviamente, melhorar a atratividade da carreira e das condições de trabalho passa a ser prioridade quando se pretende um melhor aprendizado por parte dos estudantes. A falta de professores está diretamente associada à baixa atratividade da carreira, afastando os jovens do magistério. O índice de absenteísmo é alto, maior do que a média de outras categorias profissionais, resultando na necessidade de contratação de professores substituto-eventuais.

Nesse sentido, cabe lembrar que a remuneração e a carreira dos profissionais da Educação básica pública passaram a compor o conjunto das metas do Plano Nacional de Educação. A Meta 17 aponta para a valorização "dos(as) profissionais do magistério das Redes públicas de Educação básica de forma a equiparar seu rendimento médio ao dos(as) demais profissionais com escolaridade equivalente, até o final do sexto ano de vigência deste PNE". Já a Meta 18 propõe "assegurar, no prazo de 2 (dois) anos, a existência de planos de carreira para os(as) profissionais da Educação básica e superior pública de todos os sistemas de ensino e, para o plano de carreira dos(as) profissionais da Educação básica pública, tomar como referência o piso salarial nacional profissional, definido em Lei Federal, nos termos do inciso VIII do Art. 206 da Constituição Federal".

Ainda no tópico gestão de carreira, um grande desafio é a formação inicial do docente. As abordagens disciplinarista e conteudista, distantes das modernas práticas de didática e pedagogia, não preparam adequadamente o professor para interagir com um público escolar social e culturalmente heterogêneo. Ainda existe pouco espaço nas instituições de ensino superior para discutir, interagir e flexibilizar tais práticas.

Voltemos o olhar agora para a estrutura organizacional da Secretaria da Educação do Estado de São Paulo. Neste âmbito, algumas questões fundamentais devem ser trabalhadas. Primeiramente, a consolidação da reestruturação, com a gestão focada no aluno e, com base nos resultados após a implantação, com abertura para eventuais alterações que se constatem necessárias. Em segundo lugar, é inadiável a descentralização da gestão de Educação. E, em terceiro, faz-se premente a profissionalização da gestão central e regional. Há ainda o desafio de engajar a comunidade e mobilizar a sociedade, buscando de forma conjunta e participativa a construção de uma Educação pública de qualidade.

Esses desafios apresentados conduzem às *diretrizes norteadoras da política educacional* para os próximos anos, que estão relacionadas aos cinco pilares que compõem o Programa Educação: Compromisso de São Paulo e foram vistos no capítulo anterior.

Para valorizar e investir no desenvolvimento do capital humano da Secretaria (Pilar 1), as diretrizes são *melhorar a atratividade da carreira do magistério e a formação continuada com foco na prática*. Em relação ao aprimoramento das ações e da gestão pedagógica da Rede com foco nos resultados dos alunos (Pilar 2) e a expansão e aperfeiçoamento da política de educação integral (Pilar 3), são necessários o *foco no desenvolvimento das competências e habilidades previstas no currículo do Estado de São Paulo e o desenvolvimento de um ambiente escolar organizado – tempo, espaço, pessoas – para a aprendizagem.*

A educação básica pública tem solução?

Na viabilização dos mecanismos organizacionais e financeiros para operacionalizar o programa (Pilar 4), tem-se *a escola como foco prioritário da gestão central e regional, assim como a necessidade de coordenação e articulação com os municípios paulistas*. Para mobilizar, engajar e responsabilizar a Rede, os alunos e a sociedade em torno do processo de ensino-aprendizagem (Pilar 5), é preciso *coerência, consistência e estabilidade na comunicação*.

No capítulo seguinte, apresentaremos uma seleção de propostas elaboradas a partir dos desafios a serem enfrentados para a melhoria da qualidade da Educação básica pública e das diretrizes apontadas e relacionadas a cada um dos pilares do Programa Educação: Compromisso de São Paulo.

5
Propostas

Diante de tudo que foi analisado até aqui, fica clara a transformação histórica de uma escola pública inicialmente elitizada para um modelo que busca a inclusão de todas as camadas sociais, não obstante a imensa dívida educacional que persiste em nosso país. Levando em consideração déficits que persistem e desafios a serem enfrentados, os programas e ações aqui expostos dão algumas pistas para que se possa vislumbrar uma educação pública de qualidade e de acesso universal.

Defendeu-se que a manutenção de políticas públicas e a valorização do professor são elementos-chave neste processo. Mas há ainda outro ponto já mencionado que é importante desenvolver antes de se discutir como tornar real a meta de ter uma das melhores educações públicas do planeta até 2030. Trata-se da fragilidade a que fica exposto o sistema quando este depende de uma ou de poucas pessoas, quando está centralizado na figura de um secretário de Estado ou em um corpo administrativo que não vive a realidade do cotidiano escolar. Escutar a comunidade de profissionais da educação antes de definir planos e implantar programas é algo, como já discutimos, fundamental e factível. Mas há ainda outro exemplo importante para reafirmar a importância do diálogo neste trabalho: as decisões colegiadas que guiam as universidades públicas paulistas.

Com suas três grandes universidades entre as melhores do mundo, a qualidade do ensino superior público paulista é reconhecida tanto nacional quanto internacionalmente. Por isso, considerando as particularidades de cada sistema, cabe uma análise de suas semelhanças e diferenças com relação à educação básica, principalmente após a conquista da autonomia universitária de gestão orçamentária, financeira, administrativa e acadêmica das universidades estaduais paulistas a partir de 1989.

Iniciemos o estabelecimento de alguns paralelos: no caso das universidades, o Plano de Desenvolvimento Institucional, de acordo com a *missão* e a *visão de futuro* de cada uma, aponta para um crescente reconhecimento de competências por meio da qualidade de ensino e da pesquisa, assim como para a extensão desse conhecimento para a sociedade. Essas instituições entendem sua responsabilidade pública na formação de recursos humanos em nível de graduação e pós-graduação, e exercem papel fundamental na pesquisa para o desenvolvimento tecnológico do país. No caso da educação básica, com a publicação do Decreto 57.571, de 2 de dezembro de 2011, o Estado de São Paulo criou o Programa Educação: Compromisso de São Paulo, plano de ação ambicioso, com objetivos e ações de curto e longo prazo.

Ambos os sistemas de ensino, básico e superior, têm propostas com objetivos bem definidos. Outra semelhança entre eles diz respeito à participação dos diversos atores na elaboração de planos ou programas. Nas universidades públicas paulistas, o sistema de gestão colegiado participativo garante a presença dos segmentos que compõem a comunidade acadêmica nos processos decisórios; na educação básica, o programa Educação: Compromisso de São Paulo foi elaborado com base nas reuniões e documentos apresentados pelos profissionais de educação da Rede Estadual. Nesse aspecto, a grande diferença entre os sistemas é o acompanhamento dos planos ou programas. Enquanto os colegiados participam ativamente e cumprem um papel importante na gestão institucional do ensino superior, o processo é extremamente centralizado na educação básica. A inexistência de um procedimento rotineiro de interlocução com a Rede dificulta o conceito de responsabilidade compartilhada, tão necessário para a qualidade.

Obviamente, tanto no ensino superior quanto na educação básica as pessoas fazem a diferença. A base que sustenta toda a estrutura, de sua concepção a sua concretização, são os recursos humanos. Portanto, reconhecer e valorizar a importância dos professores e de todos os profissionais envolvidos com o processo de ensino-aprendizagem é algo absolutamente fundamental se Educação for considerada prioritária na política pública. Nesse aspecto, as universidades públicas de São Paulo historicamente priorizam a gestão de recursos humanos, com políticas salariais que recompõem o processo inflacionário e uma carreira que valoriza o mérito. Um reflexo disso é o impacto do item pessoal e os reflexos nos orçamentos das universidades. Já na educação básica, a questão salarial, a carreira e as condições de trabalho sem dúvida contribuem para a grande rotatividade e o absenteísmo observados na Rede.

No contexto do papel dos professores no sucesso da aprendizagem escolar e na qualidade social da instituição, o regime de trabalho de dedicação integral à docência e pesquisa adotado pelas universidades é o grande responsável pelos indicadores de excelência apresentados. A carreira atrai profissionais que exercem com qualidade suas atividades de ensino, a publicação de artigos e livros, a coordenação de projetos e as orientações de monografias, dissertações e teses, em que sua competência é avaliada constantemente por alunos e pela comunidade científica. Na educação básica, a necessidade de dois ou mais vínculos empregatícios para compor a renda significa excesso de aulas, dificultando as ações de formação continuada e impedindo uma maior dedicação do profissional à atividade fim.

Portanto, em uma análise mais ampla apoiada na compreensão do que seria a "Escola de Qualidade", duas questões devem ser estabelecidas como base da atuação. A primeira é a centralidade das ações de apropriação e consolidação do currículo oficial pelo corpo docente e técnico, possibilitando que as diretrizes se adaptem à diversidade de cada escola e privilegiando a autonomia num formato de projeto pedagógico que se adeque à comunidade atendida. A segunda, a promoção e a valorização do magistério por meio de uma política salarial e de condições de trabalho dignas.

Assim, a construção de uma educação básica de qualidade no Estado de São Paulo passa, necessariamente, pelo entendimento dos dois objetivos principais do programa Educação: Compromisso de São Paulo. Recordemo-nos de que as diversas estratégias e ações relacionadas aos cinco pilares[1] apresentados

---

1 Pilar 1 – Valorização do capital humano; Pilar 2 – Gestão pedagógica com foco nos alunos; Pilar 3 – Educação integral; Pilar 4 – Gestão organizacional e financeira; Pilar 5 – Mobilização e engajamento da Rede e da sociedade em torno do processo de ensino-aprendizagem.

no Capítulo 4 concentram as demandas levantadas pelos profissionais da educação pública paulista.

É importante lembrar ainda que, paralelamente à implantação do programa, a Secretaria da Educação do Estado de São Paulo passou por uma reestruturação administrativa que teve como foco a descentralização com responsabilidade e uma maior aproximação da administração central com as diretorias de ensino e escolas. Nesse processo, e dentro do escopo do programa Educação: Compromisso de São Paulo, algumas frentes foram abertas, como: as novas escolas de ensino integral, o programa Vence — articulando ensino médio com formação técnica de nível médio —, a proposta de política salarial pelo período de quatro anos (2011-2014), o novo plano de carreira do professor, elaborado com a participação de uma comissão paritária, a nova carreira do diretor, o processo para seleção e formação do dirigente regional, o Currículo +, para uso de tecnologia como reforço de aprendizagem, entre outros.

Essas foram frentes que caminharam bem e apresentaram resultados positivos. Outras, como o choque de alfabetização, a redução do ensino médio noturno, a elaboração de um plano de comunicação institucional e o novo modelo de ensino integral para os anos iniciais, saíram da fase de planejamento, mas ainda não atingiram os resultados esperados. Um terceiro grupo depende da reestruturação dos processos da Subsecretaria de Articulação Regional (SAREG) junto às diretorias de ensino e do início das atividades da Academia de Líderes na preparação de gestores na Secretaria de Estado da Educação. De todo modo, o programa Educação: Compromisso de São Paulo viabiliza um consenso das prioridades e caminhos a serem percorridos para consolidar os avanços conquistados nos últimos anos, priorizando as medidas que mostrem resultados.

Considerando esse contexto, serão apresentadas a seguir propostas relacionadas aos cinco pilares discutidos no capítulo anterior. Propostas que possibilitem a diminuição progressiva do número de alunos nos níveis de proficiência abaixo do básico e do básico, além do cuidado com o fluxo e a busca da tão necessária qualidade da educação básica pública do Estado de São Paulo.

5.1 Diretrizes norteadoras da política educacional – Diretrizes relacionadas aos pilares 2 e 3

A *Diretriz 1* prevê *o foco no desenvolvimento das competências e habilidades previstas no currículo do Estado de São Paulo*; a *Diretriz 3*, *o ambiente escolar organizado para a aprendizagem-tempo-espaço-pessoas.* Elas norteiam os pilares 2 e 3 do programa Educação: Compromisso de São Paulo – lembrando que o Pilar 2 refere-se ao aprimoramento das ações e da gestão pedagógica da Rede com foco no resultado dos alunos, e o Pilar 3, à expansão e aperfeiçoamento da política de Educação integral.

5.1.1 *Propostas relacionadas ao Pilar 2*

O ponto de partida é a elaboração de uma proposta curricular, apresentando os conteúdos, as expectativas de aprendizagem e as habilidades a serem aprendidas pelos estudantes. Essa proposta deve abranger todos os anos do ensino fundamental e do ensino médio e envolver todas as disciplinas. Para a sua viabilidade, o envolvimento e apropriação por parte dos professores é fundamental, bem como a disponibilização dos meios e materiais necessários para a execução dos trabalhos.

Salientemos que a terceira versão da Base Nacional Comum Curricular, apresentada pelo MEC no dia 6 de abril de 2017 para análise e aprovação do Conselho Nacional de Educação (CNE), viabiliza, de maneira democrática, o mesmo referencial para todos os alunos do país, diminuindo a desigualdade no aprendizado. Devem ser citados como principais definições da BNCC a alfabetização mais cedo, o desenvolvimento de competências cognitivas e socioemocionais, o aprendizado de matemática através da resolução de problemas, a ciência associada às questões do cotidiano e o inglês obrigatório no ensino fundamental. Até o final do ano de 2017, deverá ser encaminhada ao CNE a BNCC para a última etapa da educação básica. Com a coordenação do Governo Federal, a base já entregue ao CNE teve a participação de todas as esferas de governo (federal, estaduais e municipais) e dos profissionais de educação. O importante agora é garantir que a BNCC chegue até a escola. Em última instância, é do professor o papel fundamental de realizar essa chegada, e isso deve ser devidamente reconhecido.

Para viabilização dessas ações, deverá ser produzido material de apoio a partir dos programas Ler e Escrever e São Paulo faz Escola. Esse material deve ser coerente com a proposta curricular do Estado de São Paulo e com os conteúdos a serem desenvolvidos durante o ano letivo. As sequências didáticas, estruturadas para todas as disciplinas e todos os anos, devem ser preparadas com a participação dos profissionais da Rede paulista e disponibilizadas para uso por parte dos professores.

Essa primeira etapa da presente proposta leva em conta a instituição de jornada em tempo integral no ensino médio e o currículo por área de conhecimento. Em seguida a essa reorganização, como vimos, vem a produção do material. A etapa seguinte é a *avaliação parametrizada bimestral*, inicialmente em Língua Portuguesa e Matemática, e na sequência expandida para os demais componentes curriculares. Esta deve ser utilizada para identificar aquilo que o aluno deveria ter aprendido e o que efetivamente aprendeu. Isso possibilita a implantação de políticas de recuperação por meio da análise dos resultados das avaliações diagnósticas e da elaboração de um plano ação de recuperação, além de um acompanhamento sistemático por parte da Unidade de Ensino, da Diretoria de Ensino e da Equipe Central. A ampliação do tempo de recuperação, abarcando a recuperação paralela, a recuperação de férias, as atividades intensivas de recuperação no início do ano letivo e a utilização de uma aula por semana de Língua Portuguesa e Matemática para recuperação das habilidades não adquiridas pela turma deve ser avaliada e implantada de acordo com a necessidade e a disponibilidade da unidade escolar.

Essa avaliação é importante para priorizar e definir metas, desenvolvendo os processos de acompanhamento e gestão de programas já existentes na Rede e dentro do plano de ação preparado pela e para a escola. Ainda no que se refere às avaliações do processo, é necessário aprimorar a devolutiva do resultado do SARESP para todas as escolas da Rede. Isso significa elaborar processos de interpretação dos resultados e tradução destes em intervenções pedagógicas. Cada escola deve preparar uma proposta formal de intervenção pedagógica articulada com seu plano de ação e o da diretoria de ensino. Cabe à Secretaria da Educação do Estado de São Paulo consolidar relatórios e planos de ação das diretorias de ensino e gerar propostas de macropolíticas.

Com base na avaliação dos resultados obtidos até o presente, é possível refletir sobre o que deu certo e sobre os pontos em que ações se fazem necessárias, por exemplo, no âmbito da estruturação dos ensinos fundamental e médio. Em relação aos anos iniciais, foco do *Choque de Alfabetização*, percebe-se que a constante e crescente evolução nos indicadores de desempenho indica a excelência do programa Ler e Escrever e a necessidade da continuidade de formação para capacitação dos professores alfabetizadores, inclusive com acompanhamento em sala de aula. Nas reuniões com a Rede ocorridas no primeiro semestre de 2011 e nos documentos apresentados pelos profissionais da educação básica pública paulista, foram apontados os méritos do programa, com as sugestões de que "as boas práticas dos anos iniciais sejam empregadas nos anos finais de ensino fundamental" e de que não devem ser interrompidas as ações positivas em andamento.

Entre as ações em curto prazo sugeridas para os anos finais do ensino fundamental, estão o fortalecimento dos processos de alfabetização em parceria com os municípios, a capacitação dos professores no São Paulo Faz Escola e o desenvolvimento das habilidades socioemocionais em função dos bons resultados obtidos do protagonismo juvenil nas escolas de ensino integral do ensino médio paulista. Preparar e utilizar as sequências didáticas estruturadas para um aprendizado coletivo e baseadas em projetos proporciona o aumento no nível de absorção de conhecimento pelos estudantes, garantindo melhor aproveitamento do conteúdo ministrado em sala de aula pelos professores. Estes ainda são auxiliados pela simplificação do processo de capacitação.

Já para os anos finais do ensino fundamental e para o ensino médio, registra-se baixo desempenho dos alunos. Entre os motivos para isso, estão as iniciativas desarticuladas de gestão escolar e pedagógica com foco no ensino fundamental, a passagem traumática dos alunos do 5º para o 6º ano e a passagem da criança para a fase da pré-adolescência (essa conjunção de fatores dificulta aos professores especialistas trabalhar com essa fase de transformação). Sem dúvida, as mudanças propostas para o ensino médio terão como resultado a necessidade urgente de forte atuação nos anos finais do ensino fundamental, no sentido de preparar os alunos adequadamente para a última etapa de ensino da Educação básica. A proposta para o ensino médio avança na direção de seu fortalecimento e identidade, podendo, assim, contribuir para torná-lo mais atrativo, significativo e dinâmico – a revisão do currículo do ensino médio é um tema em discussão há anos nas diversas instâncias responsáveis nos Estados. Em 16 de fevereiro 2017 foi sancionada a lei cuja proposta tem como cerne, como já visto, a instituição de jornada em tempo integral e a reorganização do currículo por área de conhecimento.

Atualmente, para o ensino médio registra-se baixo desempenho, em especial para o período noturno. Isso é resultado, como no caso do ensino fundamental, de ações desarticuladas de gestão escolar e pedagógica voltadas para este nível, mas também da pouca conexão do ambiente escolar com o mundo do trabalho. Trata-se de uma escola que não atrai o jovem, trabalhando um currículo pouco flexível e propedêutico e com uma carga horária abaixo da média de outros sistemas do mundo. Espera-se que a nova proposta para o ensino médio leve ao cumprimento efetivo dos fins e finalidades educacionais previstas na LDB e forneça uma educação com qualidade social, formando tanto para cidadania quanto para o mundo do trabalho. Isso significa desenvolver a autonomia intelectual e pessoal do aluno, trabalhando por sua permanência na escola ao oferecer uma aprendizagem que agregue valor à sua vida, eliminando paralelamente os efeitos de retenção e evasão. Conforme o disposto no artigo 22 da Lei de Diretrizes e Bases da Educação Nacional, Lei Federal 9.394/96, pressupõe-se para o ensino médio uma escolarização de caráter geral, objetivando uma preparação para a cidadania, trabalho e continuidade dos estudos.

Neste contexto, em 2012 o Estado de São Paulo iniciou em dezesseis escolas seu Programa de Ensino Integral para o ensino médio, por meio de um processo por adesão da comunidade escolar. A organização curricular foi fundamentada nas dimensões do trabalho, da ciência, da tecnologia e da cultura, como eixos integralizadores das diferentes áreas de conhecimento, sempre de forma contextualizada e tendo como perspectiva a interdisciplinaridade – aspecto importante e caminho seguro para a excelência acadêmica.[2]

Também é cara à nossa proposta a questão da continuidade do programa de redução do ensino médio noturno. Os resultados de avaliações demonstram que os estudantes do

---

2 Informações completas a respeito do pioneirismo da proposta nas primeiras dezesseis escolas de ensino médio estão disponíveis na publicação *Políticas públicas e educação. O novo modelo de escola de tempo integral*. Programa de Ensino Integral/Secretaria da Educação; texto de Herman J. C. Voorwald e Valéria de Souza; organizado por Cesar Mucio Silva. São Paulo: SE, 2014.

período noturno têm um melhor aproveitamento escolar quando migram para o diurno, algo possível de se incentivar, por meio de um processo de planejamento e indução, para os alunos que não trabalham. Quanto ao uso de tecnologia como reforço do aprendizado, os sistemas de aprendizagem adaptativa funcionam como uma importante ferramenta de nivelamento e reforço. A ampliação do programa Currículo+, com a participação dos professores na elaboração e curadoria dos objetos de aprendizagem, viabiliza um importante instrumento pedagógico para os estudantes.

Consideramos importantíssimos, também, os programas Projeto de Vida e o Protagonismo Juvenil: além das aulas que constam na Base Nacional Comum, o modelo propicia que os alunos aprendam e desenvolvam práticas para auxiliá-los no planejamento e na execução de seu projeto de vida. Para tanto, ocorre uma articulação entre as disciplinas da Base Nacional Comum e da Parte Diversificada, incluindo atividades complementares. O oferecimento de disciplinas eletivas, a atuação dos líderes de turma, o nivelamento, a orientação de estudos, a tutoria, o protagonismo juvenil, o acolhimento e as atividades experimentais e de pré-iniciação científica fazem parte das atividades, e tornam mais atraente para os alunos sua relação com o ambiente escolar e com o tempo investido ali. Em quaisquer desses âmbitos, programas e ações, a presença e a atuação do professor constituem a base para os bons resultados de aprendizagem, inclusive para o entendimento que o jovem passa a ter sobre a capacidade de realizar seu próprio projeto de vida.

Nesse sentido, a presença dos professores em Regime de Dedicação Plena e Integral nas escolas é algo absolutamente fundamental para este modelo proposto e seus conceitos estruturadores. Está em curso uma mudança importante no papel dos docentes: de especialistas nas matérias do currículo para tutores e orientadores de estudos. Por isso, a gestão do desempenho dos educadores que atuam no Programa de Ensino Integral é um processo vital para se obter ganhos positivos nos campos do processo de ensino-aprendizagem, na formação e na apropriação do conhecimento. E, por meio da devolutiva da avaliação do profissional e de sua autoavaliação, as ações formativas podem ocorrer de forma individual ou coletiva.

A questão da infraestrutura necessária para a permanência do aluno por mais tempo na escola durante o ensino médio é complexa. Há problemas a serem resolvidos, como as resistências familiares à extensão de jornada nos casos em que o jovem tem alguma outra atividade no contraturno. Entretanto, o ponto principal a ser trabalhado na proposta ainda é o educador entender o seu papel em um processo em que muitos estudantes definirão o seu percurso formativo, tendo por base o conhecimento, a dedicação e o comprometimento dos profissionais de ensino.

Passemos às propostas relacionadas ao Pilar 3, que dizem respeito ao ensino em período integral e assuntos correlatos.

5.1.2 *Propostas relacionadas ao Pilar 3*

Considerando o Pilar 3, "expansão e aperfeiçoamento das escolas de período integral e ensino integral", há algumas propostas a serem analisadas. A Meta 6[3] do Plano Estadual de Educação é justamente "garantir Educação integral em todos

---

3 A numeração das metas (1 a 8 e 15 a 19) corresponde à numeração das metas do Plano Estadual de Educação.

os níveis e modalidades de ensino e assegurar Educação em tempo integral em, no mínimo, 50% (cinquenta por cento) das escolas públicas, de forma a atender a pelo menos 25% dos alunos na Educação básica".

O Estado de São Paulo possui dois modelos de extensão de jornada na escola: o Programa de Escola de Tempo Integral e o Programa de Ensino Integral. Os dois são complementares e não concorrentes, pois fazem parte de uma política de educação integral que atende à diversidade da Rede Pública Estadual. Do mesmo modo, o Programa Vence viabiliza ao aluno do ensino médio a formação técnica de nível médio de forma concomitante ou integrada durante o contraturno. As três propostas se relacionam ao conceito de educação integral nas "escolas de período integral" e com o de "aluno em tempo integral".

O planejamento da expansão deve levar em consideração quatro questões fundamentais: a estratégia de expansão, os recursos humanos, o modelo de ensino integral e investimentos. No primeiro item, deve ser considerada não somente a quantidade de escolas, mas principalmente em quais regiões/diretorias de ensino elas estão localizadas. O foco da estratégia de expansão deve ser o atendimento a uma demanda existente. Já os recursos necessários se concentram em três grupos principais: infraestrutura, disponibilidade de alunos e quadro de professores. A atenção estar voltada à qualidade das instalações das escolas de período integral, tanto nas já existentes como nas novas, com capacitação contínua dos corpos diretivo e docente. O "modelo de ensino integral" deve ser flexibilizado de acordo com aquilo que se implementar em cada uma das regiões. E os investimentos devem ser definidos tendo por base o equilíbrio dos outros três fatores.

Relativamente à meta do Plano Estadual de Educação, é procedente afirmar que o conceito de Educação integral não deve se restringir somente à ampliação da jornada escolar. O desenvolvimento de competências e habilidades que permitam a tomada de decisões frente a reais desafios demanda a apropriação de conhecimentos, atitudes e procedimentos de forma integrada. Também é estratégica a universalização do Programa de Ensino Integral para os anos iniciais do ensino fundamental, pois isso garante a equidade de acesso a uma educação com qualidade e contribui para minimizar as desigualdades sociais.

Os fundamentos do programa podem ser resumidos nos seguintes itens: viabilização da formação de um aluno crítico, autônomo, protagonista e solidário; o desenvolvimento de um currículo integrado; a família envolvida na vida escolar do aluno; a utilização dos espaços de aprendizagem; a formação continuada do docente e dos profissionais que atuam na escola.

Dentro do debate sobre educação integral, o programa Vence propicia a qualificação profissional articulada ao ensino médio como estratégia para redução da evasão e do desemprego juvenil, assim como para a elevação da escolaridade. Portanto, é fundamental que se estude a expansão da modalidade na qual o ensino médio regular é oferecido na Rede Estadual concomitantemente ao curso técnico no contraturno (feito por instituição credenciada). No caso da modalidade integrada, a formação básica e técnica ocorrem a partir de uma única matriz curricular oferecida em parceria entre a Secretaria da Educação do Estado, o Centro Paula Souza e o Instituto Federal de Educação, Ciência e Tecnologia de São Paulo.

5.2 Diretrizes norteadoras da política educacional – Diretrizes relacionadas ao Pilar 4

A *Diretriz 2* (Escola como foco prioritário da gestão central e regional) e a *Diretriz 5* (Coordenação e articulação com os municípios paulistas) norteiam o Pilar 4 do programa Educação: Compromisso de São Paulo – pilar que, recordemo-nos, tem como foco viabilizar mecanismos organizacionais e financeiros para operacionalizar o programa.

5.2.1 Propostas relacionadas ao Pilar 4

Os marcos legais relacionados ao Projeto Reestruturação foram criados entre julho e dezembro de 2011, com as publicações dos decretos 57.141/11 (Reestruturação da Secretaria da Educação do Estado) e 57.571/11 (Educação: Compromisso de São Paulo). Ainda no mês de dezembro de 2011, foi concluída a etapa de instalação física das unidades na administração central. O início de operação das coordenadorias e a instalação física e operacional das diretorias de ensino ocorreram a partir de janeiro de 2012.

É importante relembrar que o núcleo central da reestruturação é o modelo de gestão para resultados com foco no aluno. Os esforços foram direcionados para descentralizar a política educacional, aumentando a autonomia e a capacidade de gestão das diretorias de ensino, sempre focando no aluno e na melhoria da qualidade do processo de ensino-aprendizagem.

Essa descentralização e a autonomia são necessárias diante da dimensão e da complexidade da Rede paulista. Entretanto, entendendo-se a existência de um passivo histórico de despreparo de gestão, a deficiência na capacitação e uma enorme dificuldade no desenvolvimento de um mecanismo ágil de comunicação, foi importante que duas frentes ocorressem de forma concomitante e integrada. Em primeiro lugar, a criação, na administração central, das condições favoráveis à governança e ao monitoramento do processo, sem esquecer as questões culturais que envolvam "a perda de poder" em uma reestruturação desse porte. Em seguida, a viabilização, nas instâncias descentralizadas, das condições de competências legais que definissem autoridades e indicassem responsabilidades, além, evidentemente, da preparação do quadro de servidores.

No processo, envolveu-se a Subsecretaria de Articulação Regional (SAREG), as Coordenadorias (CGEB, CISE, EFAP, CGRH, CIMA, COFI), as diretorias de ensino e escolas da Rede Estadual, com as metas sendo definidas de acordo com as diretrizes pedagógicas da Secretaria da Educação do Estado e pactuadas com as diretorias de ensino e escolas, que orientam os planos de ação, os mecanismos de controle e avaliação e ações corretivas quando necessário. Uma ferramenta importante para o gerenciamento de resultados foi a metodologia PDCA (Plan, Do, Check, Act).

A segunda diretriz relacionada ao Pilar 4 consiste em estabelecer um regime de colaboração entre o Estado e municípios, tal como consta no Plano Estadual de Educação – colaboração que não se limita à merenda e ao transporte.

A Meta 1 do plano era "universalizar, até 2016, a Educação infantil na pré-escola para crianças de 4 (quatro) a 5 (cinco) anos de idade e ampliar a oferta de Educação infantil em creches, de forma a atender, no mínimo, 50% (cinquenta por cento) das crianças de até 3 (três) anos até 2023". Nesse sentido, o programa Creche-Escola, que consiste no apoio financeiro do Estado para a construção de edificações que ampliam a oferta de vagas em creches e pré-escola, é um passo importante na consolidação do regime de colaboração Estado/município e no atendimento a essa importante demanda social e educacional.

A Meta 2 objetiva "viabilizar o ensino fundamental de nove anos para toda a população de 6 a 14 anos e garantir que pelo menos 95% dos alunos concluam essa etapa na idade recomendada até o último ano de vigência do Plano Estadual de Educação". Tal meta foi perseguida por meio de ações conjuntas entre Estado e municípios no intuito de se chegar a um planejamento administrativo e pedagógico para essa etapa da educação básica. É importante salientar que a municipalização envolveu parte significativa dos anos iniciais do ensino fundamental, cabendo ao Estado, em muitos casos, a responsabilidade de garantir o atendimento aos anos finais do ensino fundamental e a quase totalidade das matrículas no ensino médio.

Os estudantes deste último nível são o foco da Meta 3, que buscava "universalizar, até 2016, o atendimento escolar para a população de 15 a 17 anos e elevar, até o final do período de vigência do Plano Estadual de Educação, a taxa líquida de matrículas no ensino médio para 85%". A garantia da matrícula escolar para os jovens nessa faixa etária é de responsabilidade do Estado. No entanto, considerando que as escolas de ensino médio estão localizadas em todos os municípios paulistas, a meta requer uma sólida parceria entre o Estado e municípios, principalmente quanto às questões de transporte, merenda e infraestrutura física.

Ainda dentro da questão da universalização do ensino, a Meta 4 propõe "para a população de 4 a 17 anos com deficiência, transtornos globais do desenvolvimento e altas habilidades ou superdotação, o acesso à educação básica e ao atendimento educacional especializado, preferencialmente na Rede regular de ensino com garantia de sistema educacional inclusivo, salas de recursos multifuncionais, classes, escolas ou serviços especializados, públicos ou conveniados". Garantir um sistema educacional inclusivo com dignidade para a população de 4 a 17 anos nos municípios do Estado significa, necessariamente, uma sólida parceria entre entes públicos e privados conveniados.

A Meta 5 propõe "alfabetizar todas as crianças no máximo até o final do 2º (segundo) ano do ensino fundamental". O Estado já disponibiliza para os municípios a adesão ao Programa Ler e Escrever, que, por meio da formação continuada de professores e gestores, obteve excelentes resultados nas avaliações. Sua consolidação depende da colaboração pedagógica das escolas municipais de anos iniciais do ensino fundamental nas avaliações diagnósticas implantadas do 2º ao 5º ano e do trabalho conjunto com as equipes das diretorias de ensino a partir das devolutivas do SARESP.

Passemos então à Meta 6, que visa "garantir Educação integral em todos os níveis e modalidades de ensino e assegurar Educação em tempo integral em, no mínimo, 50% das escolas públicas, de forma a atender a, pelo menos, 25% dos alunos da Educação básica". Isso demanda um planejamento urgente quanto às estruturas físicas disponíveis e adequadas para o Estado e municípios. Em muitos casos, o compartilhamento de prédios entre estes dois entes públicos significa a necessidade de reformas, ampliações e novas edificações para a expansão dos programas de educação integral.

A Meta 7 refere-se à necessidade de "fomentar a qualidade da Educação básica em todas as etapas e modalidades, com melhoria do fluxo escolar e da aprendizagem", de modo a atingir as seguintes médias para o Índice de Desenvolvimento da Educação Básica — IDEB no Estado":

Etapas — níveis de ensino		2015	2017	2019	2021
Ensino fundamental	Anos iniciais	6,0	6,3	6,5	6,7
	Anos finais	5,4	5,6	5,9	6,1
Ensino médio		4,5	5,0	5,2	5,4

Fonte: INEP.

Como a municipalização envolve principalmente os anos iniciais do ensino fundamental — permanecendo, em muitos casos, os anos finais sob a responsabilidade do Estado —, o regime de colaboração pedagógica entre gestores/educadores das Diretorias de Ensino/escolas estaduais e municipais é necessário para que as metas do IDEB sejam obtidas. É importante lembrar que os materiais do Programa São Paulo faz Escola de todas as disciplinas e anos/séries dos anos finais do ensino fundamental e ensino médio não são adotados por muitos municípios paulistas.

A Meta 8 visa "elevar a escolaridade média da população de 18 a 29 anos, de modo a alcançar o mínimo de doze anos de estudo até o último ano de vigência do Plano Estadual de Educação, para as populações do campo, das regiões de menor escolaridade dos municípios do Estado e dos 25% mais pobres, e igualar a escolaridade média entre negros e não negros declarados à Fundação Instituto Brasileiro de Geografia e Estatística". Para alcançar esse resultado, Estado e municípios devem atuar em conjunto no Programa de Educação de Jovens e Adultos. O envolvimento de outras políticas públicas pode ser fundamental para dar sustentação às ações.

Passemos à Meta 15, que busca garantir "em regime de colaboração entre a União e os municípios, no prazo de um ano de vigência do Plano Estadual de Educação", uma política estadual para a formação dos profissionais de educação, de que tratam os incisos I, II e III do *caput* do artigo 61 da Lei Federal 9.394, de 20 de dezembro de 1996. Além disso, essa meta também visa assegurar que "todos os professores da educação básica possuam formação específica de nível superior obtida em curso de licenciatura na área de conhecimento em que atuam".

A Lei Federal 9.394 estabelece as Diretrizes e Bases da Educação Nacional. Conforme seu artigo 61, consideram-se profissionais da educação escolar básica os que, nela estando em efetivo exercício e tendo sido formados em cursos reconhecidos, são:

I – Professores habilitados em nível médio ou superior para a docência na Educação infantil e nos ensinos fundamental e médio;
II – Trabalhadores em Educação portadores de diploma de pedagogia, com habilitação em administração, planejamento, supervisão, inspeção e orientação educacional, bem como com títulos de mestrado ou doutorado nas mesmas áreas;
III – Trabalhadores em Educação, portadores de diploma de curso técnico ou superior em área de pedagogia ou afim.

Quando implementadas, as estratégias apontadas no Plano Estadual de Educação podem garantir que a Meta 15 seja atingida, o que sem dúvida contribuirá para a qualidade do ensino.

Finalmente, a Meta 16 visa "formar, em nível de pós-graduação, 50% dos professores de Educação básica, até o último ano de vigência do Plano Estadual de Educação, e garantir a todos os profissionais da educação básica formação continuada em sua área de atuação, considerando as necessidades, demandas e contextualização do Sistema Estadual de Ensino". Tanto esta meta quanto a Meta 15 dependem de uma estratégica integração entre as redes estadual e as municipais, pois muitos docentes da educação básica atuam em ambas. O que deve ser avaliado é se efetivamente o atendimento ao que é disposto na Meta 16 contribuirá para a melhoria na qualidade da educação ofertada aos estudantes. Sem dúvida, a busca de uma melhor qualificação do corpo docente deve estar associada a uma sólida apropriação do conteúdo para, desse modo, viabilizar bons resultados no processo de ensino-aprendizagem. Uma formação inicial sólida pode garantir um adequado domínio dos conhecimentos por parte dos professores, por isso esse deve ser um dos objetivos a serem perseguidos quando o tema é educação de qualidade.

5.2.2 *Reorganização da Rede Pública Estadual Paulista*

Considerando-se, entre outras questões, a diminuição no número de matrículas na Rede Pública da Educação Básica do Estado de São Paulo e a mobilidade populacional nos últimos anos, é importante que se avalie a necessidade de uma reorganização da Rede. As premissas a serem consideradas no estudo relativo à reorganização podem ser definidas em quatro grupos: modelos de escola; tamanho de escola; estrutura física e logística; pessoas. Alguns itens a serem trabalhados com respeito a cada um dos grupos serão apresentados a seguir.

Dentro do grupo *modelos de escola*, uma ação fundamental é a criação de espaços que ampliem o ensino diurno, permitindo a migração dos alunos que desejarem e que cursam o ensino médio no período noturno para o diurno. Também é preciso mais espaço para o Programa de Ensino Integral, fundamental, como visto, para a proposta do novo ensino médio e para a expansão do ensino fundamental integral. É preciso ainda minimizar a quantidade de Ciclos na mesma escola, pois isso impacta tanto a gestão escolar quanto o aspecto pedagógico, e manter os anos iniciais do ensino fundamental separados, o que viabiliza a expansão do Programa de Ensino Integral nessa faixa. Além disso, é claro, deve-se respeitar limites de alunos/salas, revendo o módulo de alunos por sala, limitando a um máximo de 25 alunos no ensino fundamental e 30 alunos no ensino médio.

Em relação ao *tamanho de escola*, sugere-se priorizar aquelas com entre quinhentos e setecentos alunos, com os anos iniciais do ensino fundamental sendo alocados nas menores. As maiores ficariam para o Programa de Ensino Integral. No grupo 3, a questão da *estrutura física e logística* é enfrentada buscando espaços compatíveis com o número de alunos, reduzindo a quantidade daqueles que precisam de transporte e viabilizando quadras, *playground*, espaços de circulação, sala de leitura, salas multiuso e laboratórios, de modo a torná-los compatíveis com os Ciclos. E, no grupo 4, *pessoas*, é preciso planejamento para que o professor tenha aulas suficientes para ficar em apenas uma escola, levando em consideração a situação dos docentes adidos. Também se trata de uma busca pela estabilidade geográfica para os alunos ao longo dos Ciclos e a redução daqueles que frequentam escolas em municípios diferentes de sua residência.

5.3 Diretrizes norteadoras da política educacional – Diretrizes relacionadas ao Pilar I

O Pilar I (Valorizar e investir no desenvolvimento do capital humano da Secretaria) tem como diretrizes "melhorar a atratividade da carreira do magistério" e a "formação continuada com foco na prática". Para analisar este último aspecto, é preciso voltar às metas do Plano Estadual de Educação que tratam diretamente do tema.

5.3.1 Melhorar a atratividade da carreira

Com relação a política salarial e carreira, a Meta 17 coloca a necessidade de "valorizar os profissionais do magistério das redes públicas de Educação básica de forma a equiparar, no Estado, até o final do sexto ano de vigência do Plano Estadual de Educação, seu rendimento médio ao dos demais profissionais com escolaridade equivalente". No mesmo campo, a Meta 18 visa "assegurar, no prazo de dois anos, a existência de planos de carreira para os profissionais da Educação básica e Superior públicas de todos os sistemas de ensino". Além disso, também cita-se o plano de carreira dos profissionais da Educação básica pública, visando "tornar como referência o Piso Salarial Nacional Profissional, definido em Lei Federal, nos termos do inciso VIII do artigo 206 da Constituição Federal".

No Estado de São Paulo, o exposto nessas metas viabiliza-se a partir de três frentes: política salarial, plano de carreira e bônus por resultado. Estas três ações se completam, não se podendo substituir uma pela outra. A *política salarial* está relacionada à manutenção do poder de compra por meio de reajustes que possam corrigir e compensar a perda inflacionária. É viável, inclusive, um ganho real, caso as condições orçamentárias do Estado sejam favoráveis, considerando-se a Lei de Responsabilidade Fiscal e o fato de em torno de 50% dos servidores estaduais estarem vinculados à pasta da educação.

O *plano de carreira* deve reconhecer o esforço e o comprometimento dos profissionais da educação com a atividade fim. A formação continuada e o domínio dos conhecimentos específicos na área de atuação do servidor devem estar contemplados em sua progressão funcional. Indicadores relacionados à assiduidade e ao tempo de atividade na mesma unidade escolar e que, portanto, indicam compromisso com os alunos, devem estar presentes na estrutura do plano. Ressaltando que plano de carreira não pode ser confundido com política salarial: é um mecanismo que reconhece mérito.

A terceira frente, *bônus por resultado*, é um instrumento que reconhece o esforço da comunidade escolar em atingir, ou mesmo ultrapassar, uma determinada meta estabelecida. O que deve ser trabalhado é a formação de uma "cesta de indicadores para desempenho" em conjunto com a avaliação de aprendizagem e fluxo.

Por fim, merece destaque o fato de o Pilar 1 concentrar parte significativa dos esforços da administração central. Isso ocorre porque a valorização e o investimento no capital humano da Secretaria da Educação é o que determina a efetivação da visão do Programa Educação: Compromisso de São Paulo para os próximos vinte anos, transformando o sistema paulista em um dos melhores do mundo e deixando a carreira docente bem mais atrativa. Assim, política salarial e a carreira profissional são questões prioritárias na busca pelo que se pretende para os próximos anos. Docentes capacitados e motivados farão a diferença.

5.3.2 Formação continuada com foco na prática

Como já se discutiu, é preciso trabalhar também a questão do desenvolvimento dos profissionais e a formação continuada. Existe uma relação direta entre a presença de um bom gestor na escola e os indicadores de aprendizagem. No que tange à reestruturação da Secretaria da Educação, para consolidar o conceito de metas e resultados, percebe-se a necessidade de um programa de desenvolvimento das lideranças e gestores da Secretaria, além de ser notável a urgência na concepção e na efetivação das ações do programa Educação: Compromisso de São Paulo com relação às lideranças do sistema educacional. Sem prejuízo de outras ações voltadas ao tema, destacamos nesta área o processo de certificação de dirigente, o novo modelo de ingresso para o cargo de diretor de escola (formação e desempenho) e o fortalecimento e a potencialização de ação supervisora. As ações desse programa, assim como aquelas envolvendo a formação continuada dos quadros do magistério, de apoio escolar e de servidores da educação, deverão estar vinculadas à Escola de Formação e Aperfeiçoamento (EFAP).

Ainda dentro do debate sobre o desenvolvimento do capital humano da Secretaria, merece destaque a questão da carreira em dedicação integral para o quadro do magistério. A proposta é a criação de cargos, a serem providos por concurso público, de professores em jornada integral de 8 horas diárias nas unidades escolares. Os profissionais assim contratados, além das atividades didáticas, poderão se envolver com coordenação, tutoria e inclusive formação continuada dos demais profissionais. O objetivo é que alguns profissionais com esse perfil atuem em todas as escolas estaduais da Rede Pública de Educação Básica.

5.4 Diretrizes norteadoras da política educacional – Diretrizes relacionadas ao Pilar 5

Para finalizar esta análise das diretrizes norteadoras da política educacional, abordaremos aquela que trata da coerência, consistência e estabilidade na comunicação para engajamento da Rede e da sociedade. São propostas relacionadas ao Pilar 5 (mobilizar, engajar e responsabilizar a Rede, os alunos e a sociedade em torno do processo de ensino-aprendizagem).

Como o Programa Educação: Compromisso de São Paulo teve em sua concepção a participação direta dos profissionais da Rede Estadual, com apoio de farta e rica documentação preparada a respeito das questões relacionadas à educação básica pública, é importante salientar que as metas propostas só serão atingidas com o envolvimento dos alunos, das famílias e dos formadores de opinião. A própria Meta 19, "assegurar condições, no prazo de dois anos e a partir da aprovação do Plano Estadual de Educação, para a efetivação da gestão democrática da Educação, associada a critérios técnicos e à consulta pública à comunidade escolar, no âmbito das escolas públicas, prevendo recursos e apoio técnico da União", sinaliza para uma participação mais abrangente da sociedade civil nas questões educacionais.

As estratégias apontadas para atingir esta meta fazem referência, entre outros tópicos, à participação de professores, alunos e familiares na formulação de projetos político-pedagógicos, currículos escolares, planos de gestão escolar e regimentos escolares. A participação de pais na avaliação de docentes e gestores escolares e o incentivo aos grêmios estudantis e às associações de pais e mestres também fazem parte das estratégias apresentadas.

Considerações finais
A educação básica pública tem solução?

Uma vez apresentadas as propostas relacionadas aos cinco pilares do Programa Educação: Compromisso de São Paulo, dentro das Diretrizes norteadoras da política educacional, a resposta à pergunta se a Educação Básica Pública pode apresentar bons resultados é: SIM, é possível ter um dos 25 melhores sistemas de ensino do mundo e a carreira de professor entre as dez mais desejadas do país.

De forma sistemática, o caminho para se chegar a esta realidade desejada é dividido nas quatro macroestratégias aqui expostas. Relembrando:

i. Carreira do professor/diretor;
ii. Ações pedagógicas; Educação integral;
iii. Reestruturação da Secretaria da Educação do Estado de São Paulo;
iv. Comunicação.

Relacionados às essas macroestratégias, os cinco grandes eixos de intervenção aqui apresentados e analisados são:

1º) Liderança: desenvolvimento da capacidade de gerir e liderar;
2º) Gente: docentes capacitados, motivados e comprometidos;
3º) Processos: delegação, autonomia, eficiência e agilidade;
4º) Tecnologia: inovação, novas metodologias de ensino;
5º) Envolvimento da comunidade: associação de pais e mestres, grêmios estudantis, comunidade escolar, sociedade civil.

As quatro macroestratégias e os cinco eixos de intervenção são, na prática cotidiana da administração escolar, trabalhados tendo como referência o seguinte conjunto de valores: foco no aluno, compromisso com resultados e trabalho em equipe. É desse modo, acredita-se, que devem ser formuladas políticas públicas que cheguem aos resultados esperados em uma realidade tão complexa e matizada como a nossa. Outro ponto fundamental nesse processo é a continuidade das ações em andamento, nos eixos de intervenção relacionados às macroestratégias, importante para o avanço progressivo e sustentador dos indicadores que avaliam a aprendizagem escolar.

Assim, deve-se dizer NÃO às novas teorias ou experimentos e SIM à formação continuada dos professores e gestores e a sua valorização como profissionais; SIM aos processos de alfabetização em parceria com os municípios; ao fortalecimento do currículo da Rede; à avaliação parametrizada bimestral, à análise dos resultados e políticas efetivas de recuperação da aprendizagem; à utilização de tecnologia para troca de experiências e boas práticas pedagógicas e de gestão; à expansão planejada dos programas de ensino integral para os anos iniciais e finais do ensino fundamental e ensino médio e à ampliação das metodologias do programa para as demais escolas da Rede (acolhimento, projeto de vida, disciplinas eletivas, investimento nas habilidades socioemocionais). É fundamental, ainda, a criação do cargo de professor em dedicação integral à unidade escolar.

A administração deve entender seu papel na formulação de políticas educacionais que possam, desde a sua concepção, incluir aqueles que efetivamente as implantarão: os profissionais da educação. Também deve-se tomar cuidado para não sobrecarregar as unidades escolares com projetos e propostas que tirem o foco da educação, bem como garantir a continuidade das ações que resultam em melhoria da aprendizagem, pois, mesmo que esta melhora seja lenta, deve haver constância no crescimento dos índices obtidos.

Ao se entender que cabe à administração garantir as condições para o pleno funcionamento das atividades, ressaltemos uma vez mais que a educação se faz com pessoas. Os recursos humanos são a base firme sobre a qual se edificará a educação básica pública sólida e de qualidade. E, uma vez reconhecida a importância dos professores e de todos os demais profissionais envolvidos, há então que valorizá-los. Isso implica política salarial, carreira, condições de trabalho e, não menos importante, que se entenda a diferença entre gestão de pessoas ligadas à educação e a de outras categorias profissionais.

Com a universalização do acesso à educação básica, é fundamental reconhecer a importância de uma escola pública de qualidade que responda às urgentes demandas da sociedade brasileira do século XXI. Esta deve prover uma educação formal a partir de práticas curriculares que garantam tanto a aprendizagem dos conteúdos curriculares quanto o desenvolvimento de competências socioemocionais, de forma a gerar um melhor convívio social. Neste processo, é imprescindível o papel dos professores, e deve, portanto, ser assim reconhecido.

A educação básica pública tem solução. Não é um processo simples, pois demanda enormes esforços de dedicação dos diferentes atores envolvidos. Mas, sim, podemos ter uma das melhores redes públicas de educação do mundo. Sim, podemos ter a carreira do magistério como uma das mais valorizadas do país. Sim, podemos expandir essa qualidade para toda a população. E com isso, por meio desta educação de qualidade, poderemos transformar o país.

SOBRE O LIVRO

Formato: 14 x 21 cm
Mancha: 23 x 44 paicas
Tipologia: Venetian 301 12,5/16
Papel: Off-white 80 g/m² (miolo)
Cartão Supremo 250 g/m² (capa)
1ª edição Editora Unesp: 2017

EQUIPE DE REALIZAÇÃO
Capa
Megaarte Design

Edição de texto
Carlos Sandano (Copidesque)
Nair Hitomi Kayo (Revisão)

Editoração eletrônica
Eduardo Seiji Seki

Assistência editorial
Alberto Bononi
Richard Sanches

Impresso por :

gráfica e editora

Tel.:11 2769-9056